guide

思想家和思想导读丛书

导读尼采

Friedrich Nietzsche

李·斯平克斯（Lee Spinks）著
丁岩 译

重庆大学出版社

目　录

我们今天为什么需要导读书？

这批来自“劳特利奇批判思想家”(Routledge Critical Thinkers)系列的小书，构成了“思想家和思想导读”丛书的基石。早在丛书策划之初，我们就在豆瓣那个“藏龙卧虎”之地结识了一群志同道合的朋友。我们之间的对话从一个提问开始——“我们今天为什么需要导读书？”

> 我们今天对西学的译介，依然有一些是盲目跟进式的译介，而缺乏系统、深入的相关性研究。[1]

面对有识之士发出的这句尖锐批评，我们试图借助这一发问所引发的一系列思考，探寻专业性导读对于中国学界，特别是初入门者，意味着什么。呈现在我们面前的这套译作，是加入这次“探寻之旅”的朋友们，用他们的精彩译笔所作的回应。然而，在文本之外，一些智慧之果还散落在他们的言说之中，需要显现。

1　王晓路.序论：词语背后的思想轨迹[M]//王晓路，等.文化批评关键词研究.北京：北京大学出版社，2007：5.

豆瓣 id:フ

“地图书”(将导读书视为探索思想的地图。)这个说法很不错,和弗雷德里克·詹姆逊(Fredric Jameson)的认知地图(cognitive mapping)有异曲同工之妙。

如果让我来定位入门书的意义的话,我会借用詹姆逊提出的另一个概念,即消逝的中介(vanishing mediator)。在一个辩证扬弃的过程中,一个“消逝的中介”发挥这样的作用:它施力于前一个状态从而引导出后一个状态,这个过程完成的同时它即消逝。

如果把入门书比作一个“消逝的中介”的话,它不怕当初的读者回过头来觉得它有种种缺陷和不足,因为这恰恰是它所想要达成的。如果一套入门书能发挥这样一个作用,我觉得它的编撰者就应该没有遗憾了。

豆瓣 id:剧旁

(李三达,湖南大学文学院讲师)

目前,很多中国学生读书进入了误区,就是认为读原典才是正道,解读的书一概不读,生怕这些人家咀嚼过的内容会影响他们对原典的认知。这真是再荒谬不过了,而我导师一再强调要规避这种误区,不要总摆出一副不世奇才的心态,别人苦心经营的研究成果只能是明灯,与原典相辅相成,待到你学力足够方知深浅和漏洞,彼时再别出心裁不迟。我深以为然。

豆瓣 id:坏卡超

二手文献或导读性文献确实很有必要。并且也应该重视英语世界的二手文献。尽管英语世界不是欧陆哲学的发源地,但英语作者一般都会比较注重用清晰易懂的语言来解释深邃的道理。

豆瓣 id:近视眼女郎

(路程,复旦大学中文系博士研究生,《导读阿多诺》译者)

我个人以为,无论从学术还是知识普及的角度来说,系统引进导读类的书都是多多益善的。当我想了解某位思想家,首先会做的,也是去寻找一些靠谱的导读书来看。

豆瓣 id:年方十八发如雪

国内许多入门级、导论级著作,往往都是引了过多的原文,而非对文本本身的解读。换言之,本来是要作者来解释文本,结果成了作者从原著中摘了几句话,让读者自行领会。或者直接就是由作者的一些论文拼凑出来。这样的后果自然是让初学者一头雾水,完全起不到导论的功能。

相比而言,Critical Thinkers 这套书的一个优点就是由作者带领读者读文本,其次就是每本书后面的文献相对来说都比较齐全,有助于进一步的研究,最后是该系列的很多思想家都是国内很少涉及的,比如阿甘本等,引进来也有开拓作用。总之,老少咸宜。

豆瓣 id:Igitur

(于长恺,爱好阅读法国当代哲学书籍)

毕竟从原著开始着手,需要忍受其本身的拧巴语言风格,西式的语法结构,不同的文化背景、语境。能够有可靠、系统的介绍文本为后续的阅读指引道路,可以节省许多绕弯路的时间,减少初学者的挫折感，增强学习兴趣。

豆瓣 id：H. 弗

（卢毅，复旦大学哲学学院）

这些著作就成了维特根斯坦所说的“梯子”，特别是初学者在很大程度上需要借助它们来对某位思想家基本的思想观点先有个大致的把握和了解，这样，一方面可以帮助人们铺平一些道路、消除一些畏难心理，另一方面可以作为一个引子更好地激发起人们的学习兴趣而不只是无助感与挫败感。

豆瓣 id：Gawiel

（马景超，美国维拉诺瓦大学［Villanova University］哲学系博士在读，《导读波伏瓦》译者）

我以前在国内读书的时候，也经常感到这样的不便，尽管黑格尔、康德和海德格尔等寥寥几位有一些不错的入手读物，但是大部分人还是缺乏类似的读物来引荐。我也非常希望能够通过“地图书”来改变大家的读法，否则，对于很多学科和很多学者都只是停留在泛泛了解一点的程度上，很难进行有建设性的学术研究。比如，人人都知道福柯谈“权力”，然而什么是权力，则需要深入阅读福柯的几本作品，并且能够将不同作品里面的理念联系起来，才能有所了解，否则只是在用我们日常语言中的“权力”去套用福柯的牙慧。如果没有导读性质的作品，读者（尤其是本来就没有精读压力的人）就很容易停留在套用牙慧这个地方，而对于真正有意思的书望而却步。

还有像巴特勒（Butler）这样的作家，作品中有一些话看上去很有力（“性别是一种操演”），但是理解前后文就需要知识背景（“主体由操演建构”）了。那么，如果没有导读类的书，一般读者很容易就理解为：一个人可以自由决定自己扮演男性还是女性，而这恰恰是巴特勒（作为反人文主义［anti-humanism］传统的继承）最不可能持有的观点，她想说的恰恰是自我的形成过程中，性别作为一种操演已经参与了这一形成，因此没有性别之外、语言之外的“无性别”、“前性别”的主体。

这些都是我常见到的误解，我觉得也许导读类书的引介可以改变这种“好读书不求甚解”的现状，尤其是对于并非哲学专业，但是需要运用到哲学理论的人，导读类的书更可以起到介绍理论背景和避免断章取义的作用。

豆瓣 id：迷迭香

（李素军，中国社会科学院文学所博士研究生）

作为一个理论专业的学生，我深知直接读原著的个中艰辛。理论难读的原因之一是翻译，抛却误译等人为因素，西方思想转换到中文语境里所带来的语言的晦涩也是一个很大的问题；其二，每个思想家都有自己的理论语境，他在继承什么，反对什么都不是短时间内可以看明白的，换言之，我们得摸清楚他的理论轨迹。

豆瓣 id：霍拉旭的复仇

（汪海，中国人民大学文学院讲师）

从学生过来的我，也经历过一个阶段，听到很多老师强调直接阅读原典，生怕受二手资料的影响。但实际上，若没有一个导读的阶段做宏观把握，直接读原典的结果就是不知所云，看了就忘。

我个人从来不相信“白板说”,以为学生在不读二手书之前是纯洁的、不受污染的、具有反思力的“白板”。没有大量的阅读,根本培养不出反思力,导读是必需的,最好是有多重不同看法和角度的导读。

极其要不得的是对原典的态度——面对“名著”没有一颗平常心:或者极其功利地想要推翻它,从而证明自己的高明;或者直接拜倒,因为它是“典”,是权威。好的读书方法就是培养好的民主政治素质,要学会听不同的意见,“名著”之所以是名著,不是因为它是“典”,是权威(虽然它有权威性),而在于它是一个伟大的空间,容得下太多的探讨、太多的声音,不断激发更多的思考、更多的创造,所以才有那么多人前赴后继地走进来。

导读不妨把它看作是一个邀请、一个好客的举动,带我们进入原著的空间,而不是助教,不是训导,不是“原著”这个白胡子老头打算教训弟子之前的开场白或者清清嗓子。

导读也是前人外出探险之后留下来的攻略,不可能事事准确、面面俱到,它邀请你历险,最后写出自己的攻略。

前面说过,我不相信白板——没有单纯的读者。没有导读的读者,他会用从前未经反思的有限阅读经验当导读。如果他自以为此前完全没有受过二手思想的影响,他反而缺乏对自我的反省和批判。

译者前言

《导读尼采》是重庆大学出版社策划出版的“思想家和思想导读”丛书中的一本。一年前，邹荣编辑将该书的翻译任务交到我手上时，我就认为这是一件非常有意义的事情，因此也愿意将这件事做好。中国图书市场上虽然有不少介绍西方哲学思想的书籍，可质量和内容参差不齐，有的太过笼统，内容不够全面详实，读者容易迷失其中；有的则太过专业学术，对于喜欢哲学，但又是非专业的读者，又稍显晦涩，令人望而止步。

本书作者李·斯平克斯(Lee Spinks)，是爱丁堡大学英国文学院高级讲师，对西方主要思想家，尤其是英美现代思想家、诗人都有较深入的研究，他的可贵之处在于能够将哲学思想与文学作品结合起来，将哲学与文学之间的相互影响深入浅出地介绍给读者。

本书按照时间顺序，介绍了尼采主要的几部著作及其重要的思想，包括《悲剧的诞生》、《查拉图斯特拉如是说》、《道德的谱系》、《善恶的彼岸》、《超人》、《强力意志》等。如本书作者所说，尼采思想本身缺乏连贯性和系统性，再加上哲学类文本所特有的复杂句式,都给翻译带来了一定的难度。在处理这些问题的时候,译者尽量在忠实于原文的基础上,保持译文的流畅性、可读性,并努力使译文符合中文的表达方式,这就需要将原文的长句、复杂句,拆分成通顺的短句,同时尽量保持原文的语言特点。不得不承认,这是翻译过程中最难做到的事情。

坦诚的说,我翻译此书的过程,也是第一次系统地接触尼采思想、学习尼采思想的过程。为了翻译好此书,我借鉴了《苏菲的世界》一书的翻译风格。该书语言流畅,引人入胜,是我努力想要本书译文所达到的境界。另外,在翻译过程中,为了更加深入、精准地了解尼采思想,我也系统学习了康德、叔本华等对尼采思想有巨大影响的哲学家。事实证明,耗时耗力的调研和学习过程,不但使翻译工作更加有效,也为翻译过程增添了乐趣。

本书作者在最后一部分介绍尼采著作时,独具匠心,为读者推荐了阅读尼采作品的顺序,这样能够使读者对尼采思想有一个循序渐进的了解,不至于因为选错入门书籍而使读者失去了解尼采思想的兴趣。

如前所述,本书不仅关注尼采思想,还不时引用一些受尼采思想影响的西方后现代主义作家的文学作品。这是作者的专长,也是本书的特色之一。书中所引用的一些诗文,都由译者本人重新认真翻译。虽然有些诗文可以在网络上找到现成的译文,但译者衡量再三,最终决定根据本书文本及引用语境重新翻译。本书翻译历时五个月,加上译者本人还在攻读博士学位的最后阶段,时间稍显仓促。译者本人并不是诗歌甚至文学翻译的专家,若有不妥之处,还请读者加以批评指正。

丁　岩

2014 年 5 月于新西兰

丛书编者前言[1]

本丛书提供对影响文学研究和人文学科的主要批判思想家的介绍。当在研究中遇到一个新的名字或概念时，本丛书中的某本可以成为你阅读的首选著作。

丛书收录的每一本著作都将通过解释一位重要思想家的核心观念，把这些观念置入语境并且——也许，最重要的是——向你展示为什么这位思想家被认为是重要的，来帮助你进入她或他的原始文本。这是一套不需要专门知识的简明、清晰的导读系列。尽管聚焦于特定的人物，本丛书也强调，没有一位批判思想家是在真空中存在的。相反，这样的思想家是从更广泛的智识的、文化的和社会的历史中出现的。最后，这些著作将在你和思想家之间搭建一座桥梁：不是取代原文，而是补充她或他的作品。

编写和出版这些著作是非常必要的。在 1997 年出版的自传《无题》(*Not Entitled*)中，文学批评家弗兰克·克默德(Frank Kermode)描写了发生在 20 世纪 60 年代的这样一段时间：

---

1 本前言由《导读阿伦特》译者王立秋(豆瓣 id:Levis)翻译。——编者注

> 在美丽的夏日草地上，年轻人整夜地躺在一起，从白天的劳顿中恢复过来，聆听着巴厘音乐家的巡回演出。在毛毯和睡袋下，他们懒洋洋地谈论着当时的大师们……他们重复的大多是传闻；因此我在午休时，非常即兴地提议，做
> viii 一套简短、廉价的丛书，提供对这些人物的权威而易懂的导读。

对“权威而易懂的导读”的需要依然存在。但本丛书反映的却是一个不同于20世纪60年代的世界。随着新的研究的发展，新的思想家出现了，而其他思想家的声誉则盛衰不一。新的方法论和挑战性的观念在艺术和人文学科中传播开来。文学研究不再——倘若它从前如此的话——仅仅是对诗歌、小说和戏剧的研究与评价。它也是对在一切文学文本和对这些文本的阐释中出现的观念、问题和疑难的研究。别的艺术和人文学科也发生了类似的变化。

新的问题也随之出现。在人文学科的这些剧变背后的观念和问题，经常被不以更广泛的语境为参照地呈现出来，或被呈现为你可以简单地“加”在你阅读的文本上的理论。当然，有选择地挑出某些观念，或使用手头现成的东西并没有什么错，而且确实有一些思想家认为事实上我们能做的就是这些。然而，有时人们会忘记，每一个新观念都是出自于某个人的思想的底样及其发展，而研究他们的观念的范围和语境是重要的。与“浮于空中的”理论相反，本丛书贯之始终的是把这些重要思想家和他们的观念放回它们原本的语境中去。

不仅如此，本丛书收录的著作还反映了回归思想家自己的文本和观念的需要。一切对某个观念的阐释，甚至是看起来最

为单纯的阐释，也会或隐或现地给出它自己的“有倾向性的陈述（spin）”。只阅读论述某位思想家的著作，而不读该位思想家的文本，就是不给你自己做决定的机会。有时，使一位重要人物的作品难以进入的，与其说是它的风格或内容，不如说是（读者）不知道从哪里开始的那种感觉。本丛书的目的，就是通过为这些思想家的观念和著作提供一个容易理解的概述，通过引导你从每位思想家自己的文本开始进行进一步的阅读，来给你一个“入口”。用哲学家路德维希·维特根斯坦（1889—1951）的比喻来说，这些书是梯子，是在你爬到下一层楼后要扔掉的东西。因此，它们不仅帮助你进入新的观念，也会通过把你领回理论家自己的文本，并鼓励你发展你自己的有依据的意见，来给你力量。

最后，这些书之所以是必要的，是因为，就像智识的需要已 ix
经发生变化那样，全世界的教育系统——通常导读就是在这个语境中被阅读的——也发生了根本的变化。适合 20 世纪 60 年代的精英型高等教育系统的东西，不再适合 21 世纪更大、更广、更多样的高科技教育系统了。这些变化不仅要求新的、与时俱进的导读，也要求新的介绍方法。本丛书的介绍方式，就是着眼于今天的学生而发展出来的。

丛书收录的每本书都有类似的结构。它们一开始的部分，都提供对每位思想家的生平和观念的概述，并解释为什么她或他重要。每本书的核心部分，都讨论了该思想家的核心观念，这些观念的语境、演化和接受（情况）。每本书也都以对该思想家之影响的审视——概述他们的观念如何被其他思想家接纳和阐发——作结。此外，每本书的书末，都附有一个建议和描述进阶阅读书目的部分。这不是一个“附加的”内容，而是全书不可或缺的组成。在这个部分的第一部分，你会发现对书中所涉及思想家的核心著作的简述;此后,是关于最有用的批评著作的信息,有时候也有一些相关网站。这个部分将引导你的阅读,使你能够跟随你的兴趣并发展出你自己的计划。丛书中的注释是按所谓的哈佛系统(在文本中给出作者的姓名和参引著作的出版日期,你可以在书后的参考文献中查到完整的信息)给出的。这种注释方式在极小的空间中提供了大量的信息。丛书也会对技术性术语加以解释,并用方框插入对一些事件或观念的更加细节性的描述。有时,方框也用于强调一些该思想家惯用或新创的术语的定义。这样,方框在某种程度上也起到了术语表的作用,在快速浏览全书时很容易找到它们。

丛书收入的思想家是“批判的”,出于三个原因。首先,我们按照涉及批评的主题来考察他们:主要是文学研究或者说英语和文化研究,但也涉及其他依靠对书本、观念、理论和未受质疑的假设进行批判的学科。其次,他们是“批判的”,因为研究他们的作品将为你提供一个“工具箱”,这个“工具箱”将服务于你自己的有理据的批判的阅读和思考,而这一阅读和思考,将使你成为“批判的”。再次,这些思想家之所以是批判的,因为他们至关重要:他们与观念和问题打交道,这些东西能够颠覆我们
x 对世界、对文本、对那些想当然地接受的一切的常规理解,给我们对我们已经知道的东西一种更加深刻的理解,给我们新的观念。

没有导读能告诉你一切。然而,通过提供一条进入批判思考的道路,本丛书希望让你开始参与这样一种生产性的、建设性的、可能改变你一生的活动。

致　谢

我首先感谢克莱尔·科勒布鲁克(Claire Colebrook),她认真阅读了本书的初稿及修改稿,并给了我大量宝贵的评论。我特别感谢几个挚友在写作过程中的陪伴,他们是阿里·拉姆斯登(Ali Lumsden),塔尼娅·拉内伯格(Tanja Rähneberg),马丁·里德(Martin Reid),史蒂夫·克莱默(Steve Cramer),潘妮·菲尔丁(Penny Fielding)和詹姆斯·洛士利(James Loxley)。本书献给我的父母:基思(Keith)和保拉(Paula)。

在此,作者和出版社要感谢费伯出版社(Faber and Faber Ltd)允许我们在本书中使用华莱士·斯蒂文斯(Wallace Stevens)《诗集》(*Collected Poems*)中的《星期天早晨》(Sunday Morning)。

为什么是尼采？

弗里德里希·尼采(Friedrich Nietzsche,1844—1900)是19世纪后期德国著名的思想家,他在当时提出的论断以及他对宗教、道德、政治等领域的批评,直到现在还有着广泛的影响。常人很难想象一个没有常识、不分真假、缺乏道德、对人的概念无法统一意见的世界。但是尼采却做到了,他不仅想象出来了这样一个世界,还主张我们一定要以这种方式来思考、写作,以便把这个想象中的世界变成现实。尼采并不只是一个普通的哲学家或思想家:他质疑最基础的知识和思想的概念。更重要的是,他认为,通过改变我们写作和思考的方式,人们也可以改变自我。

尼采哲学要求我们对习以为常的事物提出质疑。大多数的哲学家都只是分析、完善概念的作用,并以此在思想史中留下名字,尼采却抛出了激进的问题:思维的作用是什么?“思考”有何意义,思考与生命中的其他力量有怎样的关系?我们有时会说,我们的文化以及生活方式反映我们的“价值观”,那么,我们是如何制造出价值观的，它们又是如何表达出我们生活的方式，或规定我们如何生活的呢？尼采解释说，我们通常认为，人的道德观是与生俱来的，真理是客观、完美的标准，我们都要依此来约束我们的思想和行为。但是，如果我们发现，“道德”其实是
2 残酷、暴力统治的历史结果，“真理”不过是我们为了用道德角度解释生活而强加于生活的特定观点，我们该怎么办？我们是否可以找到一种生活方式，使我们超越善与恶的道德对立？如果我们可以这样做，这样的生活会是什么样子？

生平

尼采于 1844 年出生在时属萨克森管辖的吕肯镇，父亲是一名路德教的牧师。尼采五岁时父亲去世，1850 年尼采的妈妈带着他和他的妹妹伊丽莎白（她对尼采的一生及其作品的接受度有着巨大的影响）以及两个仆人，搬到了瑙姆堡（Naumburg）。尼采 1858 年离家，到普夫达（Pforza）的寄宿学校读书，在寄宿学校期间，他就已经显露出聪明早熟学者的风范。后来他进入波恩大学，后又转入莱比锡大学，学习古典语言学。1869 年，尼采年仅 24 岁，就被巴塞尔大学聘为古典语言学特级教授。三年后，他出版了第一本著作《悲剧的诞生》（*The Birth of Tragedy from the Spirit of Music*）。尼采好斗的风格在这本书中已经开始显现：书中总结了希腊悲剧文化的起源与衰落，并宣称，希腊悲剧文化毁灭的原因，是贫瘠的理性主义开始统治我们的现代文化，而诗歌丰富的想象力则屈服于理性主义的统治之下。这一颇具挑衅性的作品只有不到 120 页，且没有任何脚注或实质性的参考文献。虽然简短，《悲剧的诞生》体现了尼采哲学两个最持久的主题，这两个主题都与脱离政治的、知识保守主义的德国

大学体制格格不入。尼采首先认为，"哲学"和"文化"并不是稀有的高尚的追求，而是不同力量与动力之间不断竞争的表现。其次，他认为，人们普遍认为的哲学，是对主流概念和思想进行全面的、抽象的概括，这是完全错误的；相反，哲学的任务应该是找出并促进那些历史力量（historical forces），它们使"强劲"（strong）且具有创造性的生命活动得以体现，还应在现实中再造这些力量。毫无疑问，《悲剧的诞生》遭到了学术界的一致谴责，认为它的方法"不哲学"；而对于他的作品所带来的震撼，知识界则采用了稍微中立的词语，对于他违反学术规范的做法，唐突的转化话题以及毫无必要的争论的语气，都无法给予欣赏。 3
尼采与德国知识文化界的辩论从此开始，并伴随了他一生。

最初的敌意过后，评论陷入一片死寂，以表示对他的不满。因此，尼采在接下来的十六年里出版的十几本论著，尽管内容都颇为激进，却几乎没有给大众留下任何印象。他在巴塞尔大学一直执教到 1879 年，因为健康恶化不得不提前退休，现在看来是因为他在 1865 年之后感染了梅毒的缘故。从此以后，尼采过着独立思想家的生活，生活只剩下繁忙的写作；他赚的钱很少，受疾病限制，又必须为适宜的气候而搬来搬去。尼采逍遥地活在学术圈之外，通常被当作是典型的个人主义和推陈出新的代表，然而，他的做法也被理解成是历史运动的一部分：激进思想家与传统学界的分离。1848 年是整个欧洲动荡不安的一年，三月革命（marzrevolution）失败之后，改革、建立新社会的梦想彻底幻灭，激进派与传统学界从此分离（Magnus and Higgins 1996：74）。

三月革命的失败是 19 世纪德国历史的转折点。革命的目标是进行政治和经济改革，统一德国各州，实现议会自由选举，新闻自由，制定书面的宪法和权利法案。这次革命受了很多历史事件的影响：旨在推翻专制统治的 1776 年美国革命，1789 年法国大革命以及 1830 年 7 月和 1848 年 2 月的法国起义；贫苦工人阶级逐渐壮大；德国国内的政治镇压，如 1844 年军事镇压西里西亚纺织工要求降低食物价格和提高工资水平的暴动，以及 1847 年农业欠收而导致的大饥荒。革命一开始是成功的，普鲁士国王弗里德里希·威廉四世做出了很大的让步，但后来因为起义军内部自由派和激进派产生了分歧，再加上遭到有军队援助的普鲁士贵族的镇压，革命失败了。1849 年 4 月在新宪法规定之下，国王被重新加冕。由革命军创建的议会逐渐分解，原
4 来的皇室和封建秩序卷土重来。从这时起，激进的思想家以及那些对现有制度持批评态度的人，远离了主流政治文化和国家机构，开始创建别的政治传统和哲学思想。

尼采对激进派和改革派提出的诸多民主主义与平等主义的目标没有太大兴趣，不过，他同样认为德国保守主义的文化和政治确实使人头脑僵化。因此，在他头脑清醒的最后十年中，他虽在德国、瑞士、法国和意大利之间往来穿梭，过着漂泊的生活，但一直不断攻击现代思想和生活方式。1889 年 1 月在图灵，他的精神彻底崩溃了，从此再也没有恢复。他被交由母亲和妹妹照顾，直到他 1900 年 8 月 25 日去世，过了 11 年毫无神志的生活。

尼采的挑战

尼采通过抛出生命的意义及价值等问题，对传统哲学提出了挑战。尼采觉得必须要提出这些问题，因为在他看来，现代生活充斥着“虚无主义”的宿命论。尼采用“虚无主义”来形容那些空虚或“虚无”的感觉，这些感觉产生的根本原因，是人们对约束生活的标准和价值不屑一顾，却又无力创造新价值。他认

为，人类现在的问题是，我们不再信奉曾塑造过基督教世界观的道德理想，但同时又缺乏创造新价值、新人生观的力量。不再信仰基督教超验价值的男男女女随处可见，但这些人同时也无法摒弃基督道德的规范和约束。就像他在《偶像的黄昏》（*Twilight of the Idols*, 1889）中写的那样，“他们摆脱了基督教的上帝，现在却只得更紧地依靠基督道德”（1990b：80）。

1882 年尼采在德国出版了《快乐的科学》（*The Gay Science*），他大胆地宣布“上帝已死”，目的就是警告人类，他们所信奉的偶像已如迟暮，让大家赶快脱离基督教义，摆脱用基督教义解释生活的圈囿。与 19 世纪其他批评宗教、道德和生活的评论 5
家不同，尼采并不试图寻找一个更有效的道德生活；他要做的是将生活从道德框架中拯救出来。他认为，19 世纪的文化催生了虚无主义的生活方式，因为它发明了一系列高于生活，并用来约束和评价生活的道德概念，比如“真理”、“无私”、“平等”等。这些道德价值不仅抑制尼采坚信的生命最本能的力量，还唆使人们根据僵化的道德法则被动地（reactively）生活，而不是为自己主动地（actively）创造价值。尼采认为，人生的道德界限抽空了思想中的积极内容。“道德只不过是哑语，是症状”，他抱怨道，“我们必须得先知道它是什么，然后才能从中获益”（1990b：66）。他反对我们所谓的“超验”思想：高于生活，且决定生活的形式和内容的概念。同时，他试图建立一套内在于生活的原则，他利用这些原则把存在的强力和新价值的创造联系起来。

尼采在他的强力意志（will to power）理论中找到了这个生活的原则。他断言说，生活本身固有的（immanent），或内在于生活的、与人无关的创造原则是推动生活前进的动力：我们不应该从外部道德的观点来判断（judge）生活，而应该发挥生命的最大潜能(live life to its maximum potential)。强力意志是一种与人无关的原则,因为它的信条是,所有(all)的生命,不光是人类生命,都是追求权力(power)的整体。存在本身就是一种不断进步的生成和转换过程,在这个过程中,每种形式的生命都在试图不断扩张并增加自己的权力。从这个角度来看,生活的目标不是道德启蒙、道德改善或者自我保护,而是获取权力。一种生命形式变强大的方式就是将其他强力(forces)占为己有。生命的每一时刻都上演着这种力量的重构。力量之间的竞争制造了强力与弱力的等级,概念产生于这一过程。我们所谓的"价值"描述的就是特定历史时期,特定视角对生活的解读——比如基督道德里的"苦修理想"或者统治阶级的利益。尼采断定,在强力角逐背后,并不存在一个我们能够了解的"世界"或"本质",我们
6 所知的每一个概念和价值都代表一种对生活强有力的解释的胜利。人类道德形象的产生,是因为我们创造了语言,并用语言将价值投射到世界之上,我们以自己的形象创造了道德世界,可是很快却忘记了这个形象正是我们为自己创造的。尼采对传统道德解读提出了挑战,他追溯了道德的历史起源,标记了道德界限,并创造了一个"无关道德的"(immoral or non-moral)思维形象来取代道德。

尼采对"人"(man)的道德形象也提出了挑战,创建了对道德价值历史的谱系批评(genealogical critique)。他既反对将道德看成是人类固有或自然的能力,也反对传统历史学家对道德的起源和目的的说法。他想找出最初产生道德概念的物质力量。对尼采来说,类似于"良知"、"内疚"、"谦卑"等道德概念,都是由主流历史力量和利益所创造的,是以他们的视角对生活的解读。每一种解读都代表着特定的强力意志。尼采作品中有

几段最具争议性的文字，详述了基督教的禁欲主义（消除自我、否定自我，鄙夷世俗的财富积累）之中深藏着的对权力的渴求。因为对生命的每一种解读都是强力战胜弱力的结果，尼采认为，我们应该放弃历史完美主义理想，即认为历史是对道德发展的客观记录或叙述的想法。他称为谱系观（genealogical perspective）的历史研究方法，实际上是分离上升和下降的生活方式，以这种方法解读历史能够使我们创造出当下最具活力的力量。

尼采的政治观

尼采区分了“强势”（stronger）和“弱势”（weaker）的生命形
式，并“对所有价值进行重新评价”（revaluation of all values），这
也引出了他臭名昭著的政治观。尼采早就被讽刺为是法西斯主
义的思想家，他的思想最终在纳粹德国的种族灭绝政治之中得
到了全面体现。实际上，尼采鄙视国家主义（nationalism）和反
犹主义（anti-Semitism），并苛责德意志帝国从 1870 年代起开始
的衰落。造成尼采名声败坏的一大部分原因源自他的妹妹伊丽
莎白·尼采（Elizabeth Nietzsche，1846—1935）。尼采在 1889 年
精神失常之后，所有的版权都由伊丽莎白掌控。她的政治观点 7
或许可以从她嫁给了反犹政治领导人伯恩哈德·福斯特（Bern-
hard Förster，1843—1889）这一点上窥见一斑。她随意篡改尼采
原著的内容，断章取义。1900 年尼采逝世之后，伊丽莎白的做
法对纳粹采用尼采思想铺平了道路。

然而，即使把伊丽莎白·福斯特-尼采的介入考虑在内，尼采的政治思想仍有很多存在争议的地方。一方面是因为，他坚决反对为政治思想假设道德背景这一惯用做法，不管这一背景

的形式是犹太基督传统，还是社会主义或现代自由民主的平等思想。尼采反对这些运动，他认为，基督道德、社会主义和自由主义所提倡的完美人性以及平等思想，都是卑贱的奴隶本性战胜强者的独立精神的体现。相反，尼采提出的“贵族政治”(aristocratic)或“伟大政治”(great politics)认为，文化和政治的目的是制造“超人”(Overman)这种高级的生命形式，超人只会用自己充裕的力量肯定和创造自己的价值：

> 我在这里提出的问题不是，使人类在物种进化中脱颖而出的是什么(人类本身就是一个**结论**[conclusion])：而是我们应该**培养**(breed)、**期待**(will)什么类型的人，让他们更有价值，值得生活，更加肯定将来。这种更有价值的类型已经出现，只不过他们的出现只是幸运的偶然事件，是例外，而不是出于人的**意愿**而产生的。
>
> (1990b:128)

尼采对于奴隶本性、“弱者”和女人的过激言论，无疑展示了他的思想中暴力和令人不安的一面，这很大程度上导致了大众对他作品的误解甚至是回避。造成同样效果的还有他对“培养”高级生命形式的言论，但其实尼采使用这一术语，是想表达在伦理和政治方面人类道德形象的进步，跟种族无关。尼采的思想可以被暴力政治所采用，但同样，基督教义、平等主义政治和文化人文主义也曾被用来支持帝国主义殖民的“文明任务”(civi-
8 lising mission)。尼采的反基础主义思维方式——这种思维方式使我们能够超越基础概念，如“道德”、“善”、“恶”、“公平”等——的风险，在于它开创了关于存在、责任、伦理和人类意义的思维方式。说他的思想对于那些一直被颂扬的“人的条件”（human condition）造成威胁，并不是说这个威胁就一定是暴力的，以致我们必须忽略尼采对现代文化提出的质疑。尼采思想是在简化了的背景之下提出的，当代哲学最大的挑战之一，就是在这些背景之外重新审视尼采对价值、政治和伦理所提出的论断。

艺术

尼采主义另外一个重要的主题就是艺术的力量。尼采反对我们允许知觉和直觉屈从于现有的、规范的真理思想。他发现这种被动的姿态有各式各样的伪装。能够创造概念、热爱生活的贵族精神，一旦服从于真理标准，即准确、一致、可推理等，就会被驯服、弱化。为了真理而压抑直觉和知觉，这种做法为语言学上“主体”（subject）（人的意识）和“客体”（object）（外部世界）的分类奠定了基础。尼采认为，正是因为我们依据人类所创造的概念来判断生命，才产生了所谓人类本性的思想。他认为，我们用来建立人类本性之普遍真理而运用的固定概念，以及它与世界的关系起源于诗歌化的隐喻（metaphor），而我们已经忘记了这一起源。对于尼采来说，艺术的力量在于，它被同化成固定概念和价值之前，它能看到世界的特异性（singularity）。通过这一方式，艺术提醒我们，概念系统起源于隐喻，并暗示还有其他方式可以理解主体和客体之间的关系。因为我们所继承的概念决定我们对“人”的看法，艺术的激进作用就是，它可以为生活创造一个未来，这个未来能够超越现代人类道德形象。尼采作品的核心就是保证人生在道德界限之外进行美学转化，这基本上塑造了他“后人类”（post-human）思想家的形象，而尼采那个时代,“人”这一概念已经陷入了深深的危机之中。

9 关于本书

本书“关键思想”部分介绍尼采批评现代“人”堕落和空虚的生活方式,并试图建立一种新的思维方式和生活方式。开篇介绍希腊悲剧的兴衰、贵族价值,随后尼采开始探索无关道德的思维方式。接下来的三章讨论尼采对真理的起源及成分的分析,以及他以谱系分析的方法解读道德价值的发展。第 5 章详细探讨尼采的道德和政治理论,并介绍了诸如*无名怨愤*(ressentiment)、虚无主义(nihilism)和奴隶道德(slave morality)等核心概念。第 6 章讲述“超人”的概念,超人存在于善恶之外,代表新的肯定的道德。最后一章介绍了尼采的强力意志理论,强力意志是尼采在无关人类的背景下提出的关于力量、解读和视角的哲学思想。

关键思想

1

悲　剧

尼采的第一本著作,《悲剧的诞生》(*The Birth of Tragedy out of the Spirit of Music*)于 1872 年在德国出版。这本书在他的思想发展中处于一个独特的地位,书中引入的一系列概念和观点后来成为"尼采哲学"的核心。在这本不到 120 页的论著里,尼采重新定义了艺术、科学与哲学之间的关系,对"强力"(strong)价值产生过程中恰当或不当引用历史进行了区分。《悲剧的诞生》创造性地建立了阿波罗力量(日神,代表秩序与和谐)和狄俄尼索斯力量(酒神,代表叛逆与混乱)的对立,这也是尼采哲学的核心。书中还对民主、现代性,以及塑造了他本人民众形象的现代"乌合之众"(rabble)思想进行了阐述。然而,十四年后,尼采却在《自我批评尝试》(Attempt at a Self-Criticism)一文中对《悲剧的诞生》做了检讨,称其"难以忍受"、令人"疯狂",并收回两条最著名的论断,其一,悲剧为我们对存在的恐惧感提供了"新式形而上学的安慰的艺术";其二,以作曲家理查德 · 瓦格纳（Richard Wagner，1813—1888）为典型的现代德国精神，代表的是希腊文化的积累与实现。

我们可以从《悲剧的诞生》一书的写作过程看出尼采的思想风格。尼采哲学并不具有传承的系统性，并非由早期的思想逐步完善而形成一个完整连贯的世界观。相反，尼采会提出激
14 烈的论断，并对其中的主要命题反复验证和修改，依据则是这些命题是否能够延展某种生命形式的创造能力。要理解尼采哲学，我们必须摒弃在阅读哲学文集时一直寻找的“一致性”（consistency），而要关注一系列问题，比如尼采哲学发展到某一时期，其文本和论断的可能性（possible）和必要条件（necessary）。举个例子，尼采为什么选择用希腊悲剧来探讨他对现代性的思考？希腊悲剧促使尼采对历史和文化价值做出了怎样的评论？尼采认为古典希腊文化对讨论现代性又有何重要性？

先来看第一个问题。尼采对悲剧有着浓厚的兴趣，因为悲剧是一种重要的艺术形式，透过悲剧，我们可以窥见某种文化的优势（strength）和劣势（weakness）。尼采认为，经历过悲剧之后，这种文化会重新思考或评估它的价值观，尼采后来也提到，“《悲剧的诞生》是我首次对所有价值进行重新评估”（1990b：121）。悲剧艺术能够催生对价值观的重新评估，这是因为悲剧深刻地反映出人类体验的深度与恐惧感。悲剧使我们意识到，人类的生存扩张能力与其忍受痛苦和恐惧的能力是密切相关的。尼采认为，希腊人之所以创造悲剧艺术就是因为他们足够强大，能够直面生命创造与毁灭的无限循环。这样做需要强大的力量，因为个体必须接受生命的完整形式——包括暴力、挣扎以及战争——而不仅仅是庆祝生命最高尚最文明的一面。尼采认为，悲剧艺术的重要性在于它让希腊人体验到混乱以及文明

产生前与人无关的生命形式所拥有的力量。悲剧表达了作为人类最基本也最重要的一些东西——对权利和统治的贪婪、原始的兽性,以及推翻旧制度建立新世界观的欲望——我们为了保持文明形象而必须压制的东西。的确,希腊后期的悲剧体验使我们开始认真思考什么是“道德”、“文明”,同时也使我们思考,我们要创造怎样的价值观才能发展成足够强大、充满活力、且易于扩张的生命形式。

悲剧,艺术及文化 15

对于尼采来说,一种文化应该着重发展哪些价值观这个哲学问题具有非常重要的历史和政治意义。《悲剧的诞生》是在1870—1871 年普法战争期间撰写的,尼采认为,国家之间的冲突以及同时兴起的社会主义及政治国家主义,说明欧洲文化自信出现了危机。他应对这个危机的方法(我们在第 5 章会详细探讨)就是,采用摒弃平等权利和民族认同思想的贵族或“伟大”政治,以此优先保障该文化中最重要最有影响力的力量。尼采认为,贵族政治才是希腊社会、艺术和文化发展的强劲动力。现代文化和政治虚软无力,使人不禁对存在的意义感到迷茫。尼采从希腊人的生活方式中,找到了潜在的答案。尼采说,为什么人类最美好、最有成就的民族偏偏创造了一种悲剧艺术呢?显然他觉得这样的状态没有任何矛盾,他认为正是这种能够忍受悲剧的极端悲观主义特性催生了希腊的优良文化:

> 是否有一种悲观的力量?虽身处幸福、健康、富裕的现状,却对困难、艰苦、邪恶和问题有着特殊偏好?生活过于丰富是否会使人痛苦?正如与旗鼓相当的敌人比拼才能体

> 现出实力一样，人是否也会不断寻找具有挑战性的糟糕境遇来测试自己的力量？
>
> （1993：3-4）

尼采激进地重新定义了希腊的文化历史，他不仅区分了艺术和悲剧，也区分了哲学和科学。他认为，毋庸置疑，希腊人在哲学和科学方面取得了光辉的成就，继承这些成就反而成了我们的负担。要想理解希腊哲学，必须先读懂苏格拉底（Socrates，公元前 470—公元前 399）的道德哲学，柏拉图（Plato，公元前 427—公元前 347 年）的新宇宙哲学《蒂迈欧篇》（*Timaeus*），亚里士多德（Aristotle，公元前 384—公元前 322 年）建立的科学方法《后分析篇》（*Posterior Analytics*），以及毕达哥拉斯（Pythagoras，大约公元前 560—公元前 480）在数学领域的革命性创新。类似的智力成果作为西方思想史上的里程碑，为后来的思想提供了新的
16 道德定义、理性及逻辑推理。但是尼采却认为这些成果代表了经典希腊文化的*衰落*（eclipse），而非神化（apotheosis）。如果不是为了"遮住那些因存在而必然产生的糟糕的、邪恶的、隐蔽的、破坏性的甚至是死亡的形象"（1993：6），构建一套至高无上的抽象且完美的关于道德、理性和逻辑的概念又有什么意义呢？无视非人性的破坏力量而构建的这些"理性"及"道德"观念，阻止希腊人体验到生活的全部。而我们从希腊人那里继承的，用来建立道德和文化价值的现代思想基础也正是这种弱化了的、受限的人生观——被理性和道德观念束缚的人生观。现在，我们虽然拥有对生活的想法（比如民主、平等或道德观念），却体会不到那种滋养了生命活力的希腊悲剧精神。尼采不无哀痛地说，人类从来没有像现在这样"道德高尚"、"健康"，却也从

来没有像现在这样神经质。我们也许可以总结出，纵然“现代思想”、民主概念深入人心，其实“乐观主义(optimism)，理性、理论及实践意义上的实用主义(utilitarianism)的胜利，与民主本身一样，只不过是权力减退、死亡接近、生理疲劳的表现而已。”(p.7)

这段历史令人忧郁，促使尼采想要从根本上改变人们对存在与价值之间关系的看法。他认为，现代文化最大的一个问题就是，人们对某种生命形式的判断依据是它在多大程度上与某种道德标准相吻合。这些道德标准或者存在于宗教所宣传的宽容自制的教义当中，或者表现在呼吁平等权利、社会民主的政治号召之中，不管形式如何，他们的共同特点就是，确信存在一套能带给人类生存意义的普世价值观。但是尼采认为，我们不应该从道德的角度来评价生命，而是应该从生命的角度来决定道德观(1993:7)。尼采执着于这一观点，因此他毕生痴迷希腊悲剧艺术。尼采认为，希腊悲剧之所以伟大，正是因为它能够坦然接受各种力量对生命的冲击，而不必寻求道德的庇护。用尼采的话说，悲剧是与道德无关(non-moral)的人生观的基础。相反，当人们试图用各种详尽的道德标准衡量生命的时候，希腊悲剧消亡了。悲剧文化消亡之后，人们对生命的阐释(interpretation)是消极堕落的，《悲剧的诞生》中的“道德”观念也因此而 17
生。当希腊人无力肯定生命中那些破坏性力量时，悲剧文化也就被毁掉了；与此同时，他们提出了一些用来约束那些混沌的力量的，高于生命的抽象概念，其中最恶毒的一个，尼采认为，就是道德。希腊悲剧毁灭的同时，产生了一种与生命本身针锋相对的人生观(“道德生活”[the moral life])。而尼采则赞同古希腊人的说法，他断言“只有作为一种审美现象，世界的存在才是合理的”(p. 8)。悲剧艺术——几乎所有艺术——的力量,对于尼采来说,在于它所表达的“反道德倾向”,拒绝使人性服从于“道德”、“真理”等虚无的概念,同时反对将理性与真理,艺术与虚假分离开来。尼采认为存在观应该“基于表象、艺术、欺骗、视角、甚至必要的偏见及错误”(p. 8),因此,尼采笔下的希腊悲剧艺术挑战了所有对生命本身怀有敌意的价值观。最高尚的人生不是向道德标准屈服,而是像尼采在《快乐的科学》(*The Gay Science*)一书中阐述的一样,通过了解自然予以的优势及劣势,赋予我们的性格以美学姿态,然后将它融入“一个艺术规划”,使我们的各个方面作为一个整体个性表达出来(1974:232)。艺术通过展现人生的多样性,被作为存在的最高原则,同时,也赋予了主动创造价值的体验以目的性。

尼采的悲剧观旨在对人生“重新评价”,这可以用希腊最著名的悲剧——索福克勒斯(Sophocles)的《俄狄浦斯王》(*Oedipus Rex*)来说明。这部悲剧讲述了底比斯城俄狄浦斯王的悲剧之死。话剧以底比斯城的动乱开场:收成不佳,众神已弃城而去。俄狄浦斯无计可施,只好请妻子的兄弟克里昂向阿波罗请教,向他询问造成这场灾难的原因。克里昂带回消息说,底比斯受到惩罚的原因是,谋杀底比斯原统治者拉伊俄斯——并迫使王后伊俄卡斯特改嫁——的元凶至今还没有得到法律惩罚。俄狄浦斯立即下令搜捕并驱逐元凶,以驱散底比斯城的不幸遭遇。俄狄浦斯甚至下令说,如果发现凶手藏匿在他本人的宫殿里,他也
18 将受到同样的惩罚。从这一刻起,俄狄浦斯王的命运急转直下。首先,盲人先知提瑞西阿斯告诉他,他要找的人不仅是杀死拉伊俄斯的凶手,还是拉伊俄斯的亲生儿子,之后他又娶了自己的亲生母亲。更糟糕的消息是,他要找的人正是他自己!虽然俄狄

浦斯愤怒地认为这不符合事实——他本是柯林斯王波吕波斯的儿子，而父亲波吕波斯刚刚逝世——但是这并不足以改变他悲剧的命运。随着剧情慢慢展开，事实不断明了：俄狄浦斯确实是拉伊俄斯的亲生儿子，因为预言说他会杀死自己的亲生父亲而被拉伊俄斯遗弃在山里。一位好心的牧羊人救了他，把他带到柯林斯城，由皇室抚养长大。剩下的故事跟预言一模一样：俄狄浦斯与拉伊俄斯相遇在一个孤僻的十字路口，因拉伊俄斯无礼，俄狄浦斯袭击并杀死了自己的亲生父亲。如预言一样，他随后娶了自己的母亲，王后伊俄卡斯特。伊俄卡斯特知道了俄狄浦斯的真实身份后，自缢身亡，俄狄浦斯也悲愤地挖出了自己的双眼。悲剧在无尽的阴郁中落幕，充分描绘了人类的脆弱，命运的无情。

一直以来，俄狄浦斯王之死带给大家的教训是不要僭越众神为人类设定的界限。这出悲剧展现给我们的是一个黑暗的事实，即我们的命运都是由神圣的力量事先安排好的，在命运面前我们无力回天。亚里士多德在这一观点上的阐述最为著名。他把悲剧视为一种催生同情和恐惧的形式，通过描述“悲剧英雄为道德世界的利益牺牲”(1993:107)的故事，使人类远离生命中破坏性力量的吸引。现代社会，受西格蒙德·弗洛伊德(Sigmund Freud, 1856—1939)的精神分析理论影响，将俄狄浦斯的悲剧看做是个人“情结”，剧本也被改写变成了资本主义家庭剧。弗洛伊德认为每个男孩都有恋母情结，都希望杀死他的情敌父亲，但是又害怕父亲的暴力和阉割。这一矛盾的结果就是，男孩慢慢学会压制自己的俄狄浦斯恋母情结，认同父亲的身份，同时也接受自己必须工作以成为一家之主的责任。亚里士多德和弗洛伊德对命运的解释都带有道德意义：我们必须服从命运

的安排，向其妥协。但是对于尼采来说，命运残忍、无意义、非人
19 性且具有强大的力量。它的暴行决定了俄狄浦斯的悲剧，完全摧毁了道德及家庭秩序。

尼采明确反对为悲剧添加道德色彩，因为如果这样做，所有的悲剧就都变成了个性之间的相互竞争。尼采坚持认为，悲剧为我们本身拥有的最强的动力和激情提供了一个展示的舞台，使我们能够超越那虚构的“道德个人”（moral individual）。悲剧既不是与社会力量对抗的英雄主义，也不是俄狄浦斯的恋母情结。对于尼采来说，俄狄浦斯的悲剧唤醒了我们心中那些非人性的自然的力量，这些力量推翻了我们之前关于“知识”和“道德”的观点。他认为，俄狄浦斯的经历使他看到了自然中最神圣的秘密。俄狄浦斯解开斯芬克斯的谜题，从而使底比斯城免遭毁灭，众神赋予他“洞察力”和“魔力”，使他不受自然、人、神域分离的限制（1993：47）。但是，俄狄浦斯的智慧也代表了“反自然的罪恶”，因为他打破命运对人类“过去及未来”的诅咒，战胜了斯芬克斯。打破这一诅咒就意味着毁掉了“死板的个性化法则”（rigid law of individuation），而这一法则原本能够使人免受自然中混乱力量的影响，以一种自动化的道德形式存在。俄狄浦斯打败斯芬克斯，表明他拒绝接受命运的安排，相反，他要主宰自己的生命，并将自己的意志凌驾于所有外部法则和禁忌之上。他蔑视道德法则，已然超越了人的界限。在尼采看来，这就是俄狄浦斯的尴尬境地：他只有在无视个体道德的时候，才能体会到那种至高无上的力量。俄狄浦斯个人道德的消亡通过两次罪恶向我们展现出来——乱伦及弑父，这摧毁了他的道德世界，使他沦为道德的弃儿。

《俄狄浦斯王》使我们看到生命中非人性的力量能够超越

并且威胁到对一个“人”的道德评价。人性与被压制的自然力量相互妥协，尼采称之为悲剧的酒神功能。然而，非道德、非人性的自然本性所拥有的力量可能会远远超过人性力量，因此使人性显得微不足道。尼采认为，希腊悲剧的天才之处在于，悲剧 20
的叙事、角色和图像等美学形式保留了人类与自然之间原始的、非道德的纽带，而这些美学特性恰如其分的用人性化的语言表达了这些原始力量。尼采称之为悲剧艺术“神奇的”日神功能：以审美角度构建非道德的自然力量，而不是用道德角度阐释存在：

> 索福克勒斯认为希腊舞台上备受煎熬的角色——悲惨的俄狄浦斯——是高尚的，他本人非常有智慧，但命中注定要犯下错误承受痛苦，可是最后，他所承受的这些痛苦，在他死后却作为一种神奇且有益的力量继续影响着世人。索福克勒斯这位深沉的诗人希望我们了解：高尚的俄狄浦斯并没有罪，他的行为足以毁掉任何法律、自然秩序、甚至整个道德世界；他的行为带来了一些更大的影响，即，在毁掉的旧世界基础上，一个新的世界诞生了。
>
> (1993:46)

日神与酒神

《悲剧的诞生》一书中介绍了两个重要概念，即日神（Apollo）和酒神（Dionysius）。尼采从一开始就认为“艺术是在日神和酒神的双重影响下不断发展的”（1993:14）。日神代表希腊精神中的秩序、明晰、比例及和谐。这种力量以希腊雕塑和其他视觉艺术形式体现出来；日神力量也体现在个体的一些典型思想上，比如，认为自己是神造的艺术品，努力发展自己坚强的个性等。日神代表的是个体化原则（principium individuationis）：与群众不同的鲜明个性（p. 16）。相反，酒神代表的则是对所有固有结构造成威胁的混乱、狂喜的状态。酒神的信徒庆祝性欲、潜意识里的欲望及非道德的自然力量；伺机毁坏个体的“个性”，并把我们团结在自然“最本质的核心”（innermost core）周围（p. 76）。酒神以最原始的力量、具有麻醉性的音乐表达美学，使听众完全沉浸在“忘我状态”（p. 17）。

21 尼采认为，日神艺术既正式又有道德特性。秩序和明晰这类正式的特点中含有道德成分，这些特点使我们能够将毫无差别的现实梳理成连贯的叙事结构，同时也促使我们反思个人体验之本质。如果我们按照尼采的指示，将形式本身还原到梦境状态，日神艺术中的道德特性就变得比较清晰了。尼采认为，日神艺术源于梦境的“美妙幻觉”（beautiful illusion），因为梦境教会我们“欣赏形式之美”（immediate apprehension of form）（1993：15），并从中获得快乐。形式之美是所有视觉艺术的基础。日神艺术，跟梦一样，是一种“幻觉”，它提供的是一种叙事形式，我们以此将一系列毫无分别的动机组织成清晰的话语和图像。尼采后来称梦为“幻觉之幻觉”（the illusion of illusion）（p. 25）。受德国哲学家亚瑟·叔本华（Arthur Schopenhauer，1788—1860）影响，尼采认为我们用以组织日常生活的习惯性概念（比如时间、空间、因果和身份），都是我们强加于混乱的自然体验之上的幻觉或叙事虚构。因为我们所谓的“现实”生活是由这种幻觉所创造出来的，那么基于但低于现实的梦与视觉艺术，自然是“幻觉之幻觉”。日神艺术能将无形的自然抽象成清晰的图像，尼采对此称赞有加,因为我们只有通过不断反思自己的经历,才能学会质疑我们的传统价值并做出调整。日神艺术提示我们,生活的“更高真理”是积极的创造新价值及存在方式,的确,也只有这种艺术才使“生命成为可能且有意义”(p. 16)。

尽管《悲剧的诞生》一文中赋予了日神种种道德优势,尼采仍坚持认为日神力量必须要有酒神能量加以补充。尼采始终认为酒神最能够代表人的自然本性。酒神非道德的自然特性同时拥有创造力和毁灭能力——这是变化的强大动力,因为它在创造的同时享受毁灭的过程。日神力量必须要与酒神促进变化的能力相融合,否则生命终将变成一成不变的僵化形式。因此,日神与酒神必须相互依存。不过,尼采也清楚,酒神的“狂醉”(paroxysms of intoxication)终将毁掉人类为了反省自己的价值观而创造的所有的文化形式(1993:18)。酒神音乐与仪式的狂喜 22
状态“甚至要用神秘的整体观毁掉个体性”。因此,必须用日神的美学形式制约酒神的能量。基于此,尼采把日神艺术看成是形式限制:它设定了一个“界限”,使人们“疯狂的冲动”不至于“变得病态”(p. 16)。日神艺术的形式限制使人从自然中分离出来,构成一个单独的个体;这种个性化原则(principium individuationis)使人不断发展社会和文化结构,从而规范人类存在(p. 17)。

在《悲剧的诞生》一书中,尼采认为日神比酒神重要,而尼采后来的作品则对酒神大肆赞扬,包括 1885 年在德国出版的《查拉图斯特拉如是说》(*Thus Spoke Zarathustra*),以及 1888 年写作,1908 年他死后在德国出版的《瞧,这个人》(*Ecce Homo*),这使读者非常困惑。但是,尼采在用这些术语的时候并没有自相矛盾;相反,“日神”和“酒神”只是被赋予了新的意义而已。

后期作品中的酒神概念包含了日神的原则:酒神将人所有的动力和激情融合成为一个冲动强大的个体,一个新式的美学总体。酒神个体能够和谐地把握和控制生命的强大力量,而不用借助高于人生的思想来对生命进行判断。因此,尼采后期思想中主要的对立关系不是日神和酒神的对立,而是酒神和耶稣基督的对立,耶稣用绝对的、永恒的道德来解释人生。

尼采认为,自希腊文化以来,西方艺术和文化的发展都是源于日神与酒神之间的“挣扎”和“暴力对立”(1993:14)。这两种互相制衡的力量之间的“暴力挣扎”曾差点毁掉希腊世界,幸好“希腊意志形而上学的奇迹”迫使这两股力量结合成统一的美学形式,才使他们能够专注发展自己的力量(p. 14)。这个美学形式就是希腊悲剧。在探讨悲剧艺术的起源之前,我们必须要知道,日神和酒神之间的紧张对立为尼采提供了一个解释希腊
23 文化发展及衰退的模型。这个模型使尼采直接质疑 18 世纪德国在颂扬希腊文化时提出的隐性假设,即美学形式与国民性格相关。尼采说“他们对眼睛的描绘精确得令人吃惊,色彩运用大胆巧妙,使我们无法忽视线条与轮廓,颜色与群像,以及浮雕上刻画的一系列场景之间的逻辑关系,后世之人只能自叹不如”(p. 19)。但是,尼采接着又说,把艺术作品中日神元素理解成希腊特性的“自然”表达是不恰当的。相反,希腊艺术中的个体化形式是特意创造出来的,目的就是保护希腊,使其免遭古代世界盛行的酒神仪式“危险力量”的破坏。尼采认为“多利安式艺术(Doric Art)使日神雄伟不屈的姿态获得不朽”(1993:19)。日神艺术在建立文化秩序的同时也表达了文化价值。20 世纪的思想史学家,包括 A. W. H. 阿德金斯(A. W. H. Adkins)及基蒙·莱克斯(Kimon Lycos)研究了形式上的道德秩序对希腊文

化从部落发展到城邦这一过程的影响。然而尼采认为政治和历史的发展是相关的。希腊的例子证实,不用建立一个稳定统一的道德系统,人们一样可以生活,希腊人创造价值观的能力就是例证。

尼采没有刻板的解读文明发展进程,他发现不同时期的文明并没有按照顺畅的自然方式传承下来。相反,文明不断被破坏又重建。按照这种观点,日神和酒神之间的美学调解将是一个持续的过程,因为酒神力量足以使任何一种文明陷入危机。对于秩序和混乱之间的争斗,尼采看到两种结果:希腊宗教的发展及希腊众神的诞生。当极具有破坏性的酒神力量来到城市时,它对希腊文明秩序构成了宗教意义上的挑战,但希腊人创造了一种新的,能够包含并制约酒神力量的美学形式。这一新形式就是修改过的希腊宗教。从这时起,希腊宗教围绕仪式形式发展起来,这种做法不仅制约酒神力量,也以救赎的角度解读了喜悦和痛苦的结合,但与此同时,希腊宗教系统地排除了音乐这 24
一危及社会秩序的元素。音乐的危险之处在于,“声音的力量、连贯的旋律和无可比拟的和谐力量”解放了我们整个身体(眼睛、四肢、嘴巴等),感官的身体变成了某种快乐和痛苦的状态,毁掉了人们独立的社会个体性(1993:20-21)。尼采认为,希腊人通过创造奥林匹斯众神,扭转了自由个体消融成一系列感官享受的危险局面。创造众神是日神艺术最伟大的成就之一,希腊宗教从此赋予了这个毫无约束的酒神力量以文明身份。对于希腊人来说,众神代表了“艺术的中间世界”,狂喜、非道德的酒神精神在这个世界里与个体形象紧密的结合在一起。众神的世界里,“凡事非善即恶”(pp. 22,23)。希腊人非常清楚存在的可怕,他们只能依照他们所创造的神为榜样,把最不幸的痛苦变成享乐,并肯定生活具有创造的可能性。尼采总结道,“为了生活,希腊人不得不使自己强大起来,去创造众神”(p. 23)。

悲剧的起源

尼采认为,希腊人必须不断的体验酒神无我的状态,才能催生个体性及日神艺术的救赎观念。悲剧艺术带给我们的矛盾快感,并不是因为人们决定放弃不切实际的野心(比如狂妄自大的挑战神的权威,或者篡夺皇权)继而遵守社会制约,而是日神的完美艺术形式唤起了人们对酒神力量的记忆。希腊的繁盛文化,讲述的就是“日神与酒神在相互催生、强化的过程中,控制着希腊本质”的故事(1993:27)。悲剧艺术的发展对故事的叙
25 述至关重要,因为它搭起了两个世界之间的桥梁。尼采发现音乐和抒情诗中蕴藏的酒神力量是悲剧艺术的源头。他认为,抒情诗中的音乐力量在个人主义思想之前就产生了。抒情音乐师是世界上最矛盾、最痛苦的人:他本人就是“抒情音乐矛盾挣扎的共鸣体”(p. 30)。他的身份从灵魂“最深处”表现出来,而诗中描绘的世界也通过诗人体现出来。尼采坚持认为,艺术家本身并不是美学创作的源泉,相反,生命的原始力量以艺术家为媒介,找到了它最有力、最流畅的表达。“而艺术家”,尼采解释说,“已不再受个人意愿制约,他们是真实存在的客体借以通过幻象而庆祝救赎的媒介”(p. 32)。因为艺术是调解酒神原始力量的产物,因此它并非源于艺术家的个人醒悟,我们不能说它具有道德或人文功能。艺术的价值就在于,无需对其强加任何道德或意识形态,它就能够让人们感受生命的创造力。艺术的力量存在于善恶之外,这说明,我们“判断”的依据是新的人生观。

音乐与幻觉

尼采认为艺术家是具有特权的媒介，"生活"通过这一媒介来表达自己，他的这个观点解释了为何音乐在尼采早期哲学中占据了核心地位。音乐表达的不仅是存在的"原始统一性"：音乐以美学形式所体现的不仅是存在本身，也是存在的符号形式。音乐能够表现出酒神的活力，但它同时也代表某种存在，这说明它有向日神的象征形式转变的可能。因此，即便尼采强调音乐这一"世界化的符号"存在于"所有现象产生之前"，且永远不能用语言完全描述出来，它实际上也是一种符号化的叙事方式，使形式得到体现(1993:35)。作为一种酒神力量，音乐的双重功能使它不断向日神形象靠近，这正是尼采悲剧理论的核心，也是他的著名论断"悲剧源于悲剧合唱，最初只是悲剧合唱，并无其他"(p. 36)。

悲剧"合唱团"颂唱的歌曲后来发展为悲剧戏剧。最初合 26
唱团规模为 50 人左右，到公元 15 世纪，悲剧艺术发展到顶峰，合唱团人数减少到了十五人。其戏剧角色随着历史发展不断改变：有时代表时间流逝，有时则探寻人神关系。通常，节奏感很强的合唱与舞台表演分庭抗礼，对悲剧主角的情绪时而赞赏，时而不屑。尼采对合唱的理解与其他学者不同，其他学者认为悲剧合唱代表了"大众"、"理想观众"，甚至是"民主雅典的道德法律"所持的观点(1993:36)。悲剧合唱其实是以缩影的形式表现了整出悲剧的发展变化。酒神生命的强大力量通过悲剧合唱的方式表达出来，这样一种形式使我们能够在保持个体性的前提下忍受悲剧。音乐通过符号的形式展示酒神永不疲乏的力量，并以"中间世界"的叙事形式展现原始存在的统一性。戏剧中的合唱音乐对观众具有非常大的影响。酒神状态使人类意识到存在是混乱的、无意义的；但是合唱把这一意识转变成“与生活兼容”的图像和思想，使我们能够依赖酒神力量，并重新对生活树立信心（p. 40）。代表色情的萨蒂尔[1]，是酒神精神自然流露的生物，他们根深蒂固在一切文明之中，代表酒神力量及放荡的生活方式，悲剧合唱和希腊观众的特殊关系使之成为可能（1993：39）。悲剧合唱用最基本的形式去除观众的理性，使其幻想自己能够跨越国家和社会中阶级的鸿沟，并不断提醒观众“绝对的统一才是自然的核心”。这就是悲剧为大众提供的形而上学式的慰藉：无论给社会和政治生活带来什么影响，酒神力量都“坚不可摧、强大且令人欢欣”（p. 39）。悲剧展现了真正的生命力量，这使个人能够克服周遭环境，顽强的生存下去。在悲剧体验中，尼采总结道，“艺术拯救了人，通过艺术，生命为了自救而拯救了人”。

27 然而，悲剧为人类提供的只能是形而上学式的慰藉，因为悲剧实际上是日神对酒神力量进行干预的结果。酒神的“狂喜”状态使人认识到最原始的“事物的本质”（essence of things），这使人对日常琐事感到厌烦，从此无法对社会作出任何贡献（1993：39）。酒神知识扼杀行动力，但这需要“幻觉的面纱”来遮掩。希腊悲剧通过舞台空间的利用来制造这种幻觉，使“观众与合唱团之间不存在基本的对立：因为一切都仅是一个伟大、高尚的合唱团；合唱团的成员，一众萨蒂尔，或萨蒂尔们所代表的人在舞台上载歌载舞”（p. 41）。由于观众与合唱团的融为一体，观众幻想着自己就是酒神疯狂群体的一员，但同时又试图与那极度狂热保持一定的距离。结果，表演者既在剧里又在剧外，既是观察者也是被观察者，这种双重身份创造出“沉思中的狂

1 希腊神话中的小神，半人半羊形，是男性性欲的象征。——译者注

欢人的形象”(p. 42)。萨蒂尔合唱团的一举一动则既是自发的又是有意识的。尼采认为,这一双重特性创造了希腊戏剧:表演者看到自己变成另外一个人,且按照另外一个人的方式行动。酒神狂欢者把自己看做是萨蒂尔;他像萨蒂尔一样注视着酒神;当他“跳出自己”看到了生命新的意义之时,戏剧也就结束了,构成“他状态中的日神元素”(p. 43)。从这一视角,尼采将希腊悲剧归类为“不断向日神世界形象靠拢的酒神合唱团”,而戏剧则是“用日神符号表达的酒神知识”(pp. 43-44)。

悲剧合唱团代表的就是一种零星的洞察力,使人瞥见永恒的狂欢状态和作为“世界唯一的基础”的原始痛苦。但它也有一些图像和叙事,将这些零星的知识转变成生活的基础(1993: 25)。尼采在《悲剧的诞生》的结语中强调了酒神力量与日神形式之间相互依存的关系:

> 音乐与悲剧神话密不可分,他们都在表现一个民族的酒神狂欢能力。他们都源于日神之外的艺术领域,用美妙的和弦美化一个世界,使那些不和谐音及丑陋的形象悄然消失;他们同样充分信赖自身神奇的艺术力量,以痛苦的刺激为乐,并以这种苦中作乐的精神证明,即使是“最糟糕的 28
> 世界”也有存在的意义。从这个角度来讲,与日神相比,酒神才是永恒的原始艺术力量,他所显现的是整个现象世界:但在这个过程中,个性化若想生存下去,必须要创造一个理想化的幻觉。如果把不和谐音比作是人——人本不就是不和谐音吗?——那么,这个不和谐音为了生存,一定要用美丽的面纱把自己遮挡起来,创造一个完美的幻象。这就是日神艺术的真正动机。以日神的名义,我们创造了众多外观美丽的幻觉,使我们觉得人生的这一阶段充满价值,并对

体验下一阶段的人生充满期待。

(1993:117)

悲剧之死

以个体形式为美的日神世界与酒神狂欢精神的“根基”相互依存,共同赋予希腊悲剧以美学及道德力量(1993:25)。那么,日神和酒神的分离也就导致了希腊悲剧的衰落。尼采认为悲剧衰落分成三个阶段,分别与欧里庇得斯(Euripides)、苏格拉底(Socrates)及索福克勒斯(Sophocles)有关。尼采从来没有全盘否定过这三位,因为否定本身就能从侧面反映出被否定事物所代表的能量。尼采在索福克勒斯式悲剧之中发现了软弱以及道德的趋势,这些都是我们在现代所尊崇的早该过时的价值观。剧作家欧里庇得斯(公元前484—公元前406年)在《悲剧的诞生》中是一个负面角色,因为他引发了希腊戏剧一系列正式的变化,尼采认为,这些变化具有强大的毁坏性的政治后果。他真正的罪恶在于他“抛弃了酒神”,他弱化了酒神神话,使之完全依赖于被拉到舞台上、代表“普通人”的戏剧观众的悲观视角(p.55)。欧里庇得斯笔下这种弱化了的悲剧,尼采认为,最终开创了一种新的戏剧风格,将社会现实主义和道德评论结合在一起,被称为“阿提斯新喜剧”(New Attic Comedy)。欧里庇得斯悲剧中没有形而上学式非人性的安抚,相反,他展示的是普通民众的日常生活及渴望,并对日常生活中自我进步加以道德赞扬。悲剧不再是力量和动机之间的竞争,此时,悲剧的负面能量
29 完全是从戏剧观众的角度组织的,他们的幽默及偏见都通过舞台上的“普通人”角色展现出来。悲剧世界从此天翻地覆:尼采对此非常不满,他认为,人生不应该由平凡人、弱者来表现和评

判。欧里庇得斯以及新喜剧中的普通人不再关心完美的过去和未来:他“只关心现在,对过去和将来毫无兴趣”(p. 56)。欧里庇得斯“把原始强大的酒神元素从悲剧中剔除,并在非酒神的艺术、道德和哲学基础上重建悲剧”,通过这样做,他将社会现实主义及评论置于神秘莫测的悲剧合唱之上(p. 59)。虽然欧里庇得斯晚年后悔将酒神逐出舞台,但是理性主义及道德评判由于苏格拉底,这位悲剧的强大对手的出现,而取得了胜利。

希腊悲剧叙事的决定性对抗出现在酒神神话及苏格拉底哲学之间。这是一场“导致希腊悲剧落幕的战役”(1993:60)。尼采认为,欧里庇得斯式悲剧的核心问题有两个方面:首先,它在“冷静、矛盾的思想中”而不是日神艺术的秩序中寻求悲剧动力;另外,它只想引发观众的情感反应,而不去让他们进一步思考在每一个社会结构背后都存在的酒神狂喜状态。结果就是,欧里庇得斯悲剧形式里既没有日神也没有酒神对悲剧的影响。这种悲剧“无法到达日神史诗般的效果,但它同时又最大程度上驱逐了酒神元素,现在为了取得悲剧效果,它必须借助日神和酒神美学形式之外的一种新的刺激”(p. 61)。苏格拉底哲学应运而生。苏格拉底哲学以对话形式(或“辩证形式”)探讨道德、政治、美学价值中相互矛盾的定义,目的是寻求普遍真理。自苏格拉底开始,意识取代了神话,成为希腊文化的主要创造力。自此,哲学超越了艺术,且随着辩证法逻辑的不断发展而壮大。但是,尼采却认为,正是苏格拉底提出的三大乐观主义基本公式——知识即美德、罪恶源于无知、有德者即有福者——导致了“悲剧之死”(death of tragedy)(p. 69)。悲剧的指导性原则不再

30 **辩证法**

在柏拉图的哲学对话录中，辩证法是指苏格拉底所运用的取得真理或形式的一种方法。苏格拉底在对话中让众人给出比如真理、正义、美或爱的定义，然后他会审查各个定义，对其作出评价，指出其片面性、狭隘性或自相矛盾之处。通过否定所有常见的观点和主张，苏格拉底的辩证法指出，这些概念的**真正**意义需要在观点之外寻找。辩证法是否定的方法，苏格拉底追求真理的方式就是不断的**否定**那些自视聪明的修辞学家们给出的颇有见地的定义。

德国哲学家格奥尔格·威廉·弗里德里希·黑格尔(Georg Wilhelm Friedrich Hegel，1770—1831)也认为辩证法的形式是**否定的**。举个例子来说，我们通常理解的真理是指我们所感知的正确的东西。但我们同时也知道“真理”是那些不会变化，永远正确的东西。真理需要这两种意义的结合，但这两种意义本身却彼此矛盾的。黑格尔坚持认为所有的哲学概念都会有类似矛盾的、否定的或所谓辩证的形式。从概念的矛盾性和否定性出发，黑格尔试图证明**人生**并无即时性。没有纯粹、毫不矛盾或正面的个体。所有的生命都是辩证的，包含自我矛盾或否定。与这种否定的辩证的生活观——这种观点注重概念、思考世界和获得真理的方式——不同，尼采认为生活是正面的、反辩证的挣扎。各种力量互相竞争，且不同于彼此，但没有**矛盾**。辩证法从矛盾出发，最终得到一个解决对抗的更高真理，而尼采则想要维持冲突及其带来的动力，不想要任何解决方式，也不让任何概念相互否定。

提供形而上学式的安慰，使人们相信在现象漩涡的表面之外生命永恒不可摧毁，相反，苏格拉底哲学之美在于他认为智慧比美更能精确的描绘悲剧的本质(p. 75)。

希腊悲剧艺术随着剧作家索福克勒斯之笔进一步瓦解。索福克勒斯抨击悲剧合唱，觉得它可有可无，“尽管我们知道悲剧合唱导致了悲剧和悲剧英雄”(1993:70)。悲剧合唱的角色在 31
索福克勒斯笔下跟演员无二，悲剧合唱的本质逐渐消失了，给悲剧合唱最终的消亡埋下了伏笔。从这时起，悲剧合唱不再是“音乐的视觉符号，酒神狂喜的梦境世界”(p. 70)。后索福克勒斯戏剧强调推理的决定性作用，强调人物刻画、心理发展和戏剧自然主义，同时悲剧合唱的功能则由几个小角色来承担。尼采认为，悲剧艺术如此重构，以民主的方式逆转了文明“人”进步过程中所谓的高尚的道德和肤浅的信仰，给势不可挡的苏格拉底及亚历山大式文化添加了一些美学元素。

尼采提出了一种他称之为“理性人”的新的生命形式，作为他对希腊悲剧之死的总结。尼采在书中将苏格拉底哲学描绘成反悲剧文化的先驱，苏格拉底哲学认为神话知识不属于知识的范畴。苏格拉底认为，悲剧“只不过是有因无果或有果无因的不合理的东西罢了”(1993:67)。它虽然可以被接受但却毫无用处:从这个角度来看，美学偏离了恰当的道德知识，而道德知识则与哲学和科学探索是同义词。文化人的任务是用概念、论据和结论来取得一种标准的知识形式。苏格拉底从而也成了世界历史的“转折点”，因为他的思想构建了“世界范围内的理性思考的网络，为整个太阳系提供了秩序”(p. 73)。

理性人

尼采刻画的现代理性人终结了悲剧艺术。不过，尼采聪明地把苏格拉底描绘成一个非常矛盾的角色,他推崇反悲剧的教条,最终反而引发了新一轮对悲剧的求知欲。苏格拉底的地位颇具讽刺意味,因为他坚信理性知识囊括且可以解释整个现象世界,而这本身就是企图模糊科学思想之界限的神话。科学无法解释存在,这一点无疑加深了这个讽刺,理性人因此不得不再
32 次转而求助艺术和宗教。"对知识永不止步的热情追求"转变成了对悲剧精神的屈服和对艺术的需要,《悲剧的诞生》第一版即以这个话题结束:

> 但是目前,在强大幻觉的驱动下,科学正势不可挡地向它的极限冲刺,却发现乐观主义这一逻辑基本崩塌了。因为科学的边界由无限个点组成,且科学的范围本身就无法衡量,而高尚的人、聪明的人还没到中年就会到达边界周围,这时,他们就会望洋兴叹。如果这时他不幸地发现,逻辑绕来绕去却咬了自己的尾巴,一种新的知识就诞生了,我们若要继承这些知识,就需要艺术来作保护伞和疗伤药。
>
> (1993:74-75)

但这种新知识的形式是什么,它又是什么时候出现的呢?尼采在修订增补版《悲剧的诞生》中提到,新的悲剧知识伪装成"当代社会酒神精神苏醒"的样子,诞生于以德国音乐为代表的现代主义之中,代表人物从约翰·塞巴斯蒂安·巴赫(Johann Sebastian Bach,1685—1750),路德维希·凡·贝多芬(Ludwig van Beethoven,1770—1827)到瓦格纳(Wagner)(1993:94)。因此,德国音乐可算是一剂良药,及时解救了现代主义对启蒙运动理性主义的盲目崇拜。尼采分析了希腊文化与德国现代音乐之间

的关系,虽然很大程度上是在赞扬瓦格纳,但更重要的是,他巧妙地借用过去,使一种新的生命形式在现在成为可能,同时也借此诊断现代主义的顽疾。他对经典有着古文物专家一样的兴趣:希腊文化的可贵之处在于它为我们提供了一个概念性的模式,指导我们如何活在当下。“希腊模式对我们来说举足轻重”,尼采解释说,“因为我们处在两种不同的存在方式的边界,所有的变化和挣扎都呈现出该模式中经典的有指导意义的形式”(p. 95)。希腊文化的衰落警戒我们,若摒弃神话,“所有的文化都将失去它健康、自然的创造能力”(p. 109)。尼采认为这一警示非常重要,因为现代文明已经丢失了神话的一面,没有神话,人性将不再有文化秩序及传承感:

> 人类孤独地站在这里,脱掉了神话的外衣,精神上永远 33
> 饥饿,他试图从过去的岁月里,甚至是古物中刨找自己的根
> 源。永不满足的现代文化对历史的强烈需求、对其他文化
> 紧紧依随、对知识的渴望,所有这些,若不是表明我们丢失
> 了神话、神话家园、孕育神话的子宫,又意味着什么呢?
>
> (1993:110)

现代文化中艺术的核心作用就是复制希腊模式,通过建立神话框架,赋予体验以形式,同时重新发现“生活真正的抽象的意义”(1993:111)。这一美学功能在诗文中得以实现,代表作如塞缪尔·泰勒·柯尔律治(Samuel Taylor Coleridge)的《忽必烈汗》(Kubla Khan,1797),作者在此诗中阐述了日神与酒神的双重性。此诗以忽必烈在乱世中建立秩序开头:

忽必烈汗在上都，
雄伟堂皇宫殿固。
美丽圣河阿尔弗，
流经深洞无人熟，
奔向暗海永不枯。

(1963:167)

一片“沃土”现已被“高墙碉楼”围起来，这为没有标记的、无法衡量的自然空间提供了形式。有形与无形之间的区别有助于塑造人类文化的价值：宫殿“雄伟”、“堂皇”，而不是辛苦挣扎。然而，文明的日神形式，一旦脱离了酒神存在的原始力量，则有固化成空洞建筑的危险。《忽必烈汗》的第二节描述了原始的、文化前力量的抵抗，“蛮荒”的自然不甘于束缚在人造建筑之中：

深沟险壑开斜途，
横跨碧岭杉林护。
蛮夷之地神鬼驻，
亏月之下盈盈出，
34 念君思夫女人哭！
热浪翻腾填巨窟，
地动山摇难抑怒。
巨泉暗涌喷薄出，
崩塌离析冰雹布，
散流飞窜如打谷，
圣河穿越岩石舞。

“巨泉”从地下喷涌而出，击碎了“大块岩石”，威胁到人类富丽堂皇的艺术设计。但尼采指出，若没有日神的协调，酒神能量将无形且混乱。艺术的作用就是在给这股力量以束缚的同时保留其原始自然的力量。在《忽必烈汗》一诗中，日神对酒神的调节作用以圣河“混合的尺度”为象征。圣河代表无文化的力量转化成人性与自然世界的力量连接的美学形式。圣河“错杂的运动”暗示忽必烈将非人性的自然力量束缚在框架之内。诗的结尾，富丽堂皇的宫殿变成了神圣自然秩序的美学反射，即宫殿在水中的投影：

蜿蜒流转十里路，
漫过树林和山谷，
坠入深洞无人熟，
震天巨响死海入。
忽必烈汗自远处，
闻得战讯出其祖！
宫殿倒影水上浮，
泉击洞吼拍岸出。
奇如此地出鬼斧，
灿烂宫廷伴冰窟！

尼采在十四年后再版《悲剧的诞生》之时，他写了一篇新的序 35
言，题为《自我批评的尝试》（Attempt at a Self-Criticism），文章角度与书的主题完全不同。他在文中重申他的主要观点，即，希腊人想要全面体验生活的全部，因此寻求“存在背后最基本的一切恐怖、邪恶、神秘、破坏及死亡的形象”；另外，他认为乐观的科学思想及政治民主象征了权利的衰落以及心理疲劳(1993:6-7)。然而,他推翻了之前对存在于完美的美学秩序之前的“自然”的浪漫主义看法。《尝试》一文最著名的地方在于其对《悲剧的诞生》的猛烈攻击,尼采认为这本书“傲慢且疯狂”(p.5)。尼采抨击这本书,因为他不认为日常的现象世界与外表背后隐藏的永恒的救赎价值之间存在明显的区别。在他看来,现在所有的生命形式都是“基于外表、艺术、欺骗、观点和必要的视角和错误”(p.8)。我们应该摒弃对“形而上学的安慰”的所有信念,并享受权力和经验带来的快乐。想做到这一点,我们必须要找到一种语言,描述表达、视角和价值之间的关系。因此,他开始研究隐喻,也是我们下一章要讨论的内容。

小　结

尼采对悲剧的理解为我们提供了一个用非道德的角度解读人生、激进的理解希腊文化的方式。他认为希腊悲剧并不是单纯的概念或形而上学的想法,它将物质力量展示在舞台上,并用酒神原始的创造性力量重组希腊文化。希腊文化的成就在于,它找到了一系列日神形式,并用它约束酒神能量的破坏性。希腊文化的衰落恰恰出现在日神与酒神分离、苏格拉底哲学开始推崇日神概念推理之时。到目前为止,类似真理、道德、推理等概念都是高于生活的,人们用这些概念来约束和评判生活。人类脱离酒神的创造力量,导致生活的多样性受限于概念,这种限制一直影响着现代生活。

2

隐　喻

本章将介绍真理的起源及其构成。很多读者会质疑为何真理会有起源，毕竟我们通常所说的真理是指不随时间改变的一套衡量标准，我们依照真理来建立思想与体验之间的关系。另外，哲学的特点就是区分价值（某种文化中用来规范自己的概念，随时间和地点而改变）和*真理*（用以建立事实之间统一客观关系的超然概念）。尼采哲学有很多新颖的观点，拒绝区分价值和真理便是其中之一。他认为，真理并不超然的存在于人类价值体系之外，相反，真理本身就是一种价值，它有自己的发展*历史*，我们的任务就是找出真理的历史起源。

尼采通过定义真理与*隐喻*之间的关系，不断完善了他对真理的历史成分所进行的分析。乍一看去，这些概念好像风马牛不相及，我们习惯性地用"真理"来形容与价值无关的客观事物。如果某事物为"真"，那么它代表的应是始终如一，永恒不变的观念，不论它周围的社会、历史如何变化。我们所讲的数学

真理和自然科学真理就是这样。但是,隐喻似乎提供了一种截
38 然不同的概念。莎士比亚的《威尼斯商人》(*The Merchant of Venice*,1598)中有一句"月光酣睡在河岸,多么恬静",就用了拟人手法(酣睡)来描述字面意义(literal)或对现实世界的体验(大地反射月光)。这种拟人手法就是一种隐喻,它提供了一种看待客观事物的新方法。月光当然不会酣睡——它没有生命——但是借用拟人手法,莎士比亚就能够使读者产生一种安详宁静的感觉。隐喻语言很明显与"客观"、"事实"有某种联系——莎士比亚用生动的画面来描绘我们日常生活中对真理的体验——但这种描述唯有通过虚构的视角才能发挥作用。基于此,原意与比喻之间的关系通常被认为是真理本身较强与较弱形式之间的关系。原意与客观事实是同义词——我们都看过月光——而隐喻的作用只能屈居二位,它不过是用主观视角描述了事实。

尼采哲学不断削弱"原意"并提高"隐喻"真理的地位。他认为我们不该把原意或"纯"真理的重要性置于隐喻之前,因为真理本身就是人们发明出来的隐喻,这种隐喻的作用是使某种特定的思想形式和生活方式获得权威地位。举个例子,尼采反复强调,宗教教义里面的"真理"实际上只是看待人生的一种视角(perspective),它的目的是教育人们热爱集体生活。尼采同时也拓展了他的论点,他说,所有我们用来代表世界真实的结构的概念——比如"空间"、"时间"、"身份"、"因果"、"数字",等等——都是人们为了更好地用人类语言思考世界而发明的隐喻。我们称之为"纯"真理的东西,就是一种诗学比喻,即"概念",但人们早就忘记了它的起源。对于尼采来说,既然知道"真理"是人类发明的用来描述世界的比喻手段或视角,那这就

意味着我们应该重新思考其功能和目的。尼采哲学并未提供任何关于纯真理的客观模型,而是考察了真理作为规范人生中多种力量的概念,其背后的历史和价值。

无关道德思想 39

尼采在《无关道德意义的真理与谎言》(On Truth and Lying in a Non-Moral Sense,1873)一文中集中批评分析了真理的历史和价值,我们将在下文中详细探讨。但是,"无关道德"这个词,一旦脱离尼采哲学的范畴,便很容易引起误解。自《悲剧的诞生》以来,尼采一直认为经典文化和现代文化都被削弱了,因为人们开始教条地相信人生和思想必须要与某种抽象的价值观相符。这种教条式地错误始于苏格拉底,他坚持认为人生需要根据普世真理来重新解释,这无疑加速了希腊文明的衰落。苏格拉底的错误在他的弟子柏拉图那里进一步加剧,柏拉图创造了一个超验"思想"体系,提出了"正义"、"美"、"善"等概念,使人生有了形式。"所有这些错误中最危险的一个,就是教条主义错误",尼采在《善恶的彼岸》(*Beyond Good and Evil*)一书中解释说,"这一错误即是柏拉图创造的纯精神及善本身"(1990:32)。柏拉图意义上的真理是超越人生的绝对价值——真理的理想原则,而不仅仅是另一种对世界的主观评价——对于尼采来说,这是混淆了真理的意义。真理并不是超然地存在于人生之外的完美形式;不同视角之下会创造出不同的真理,其目的都是建立某种生活方式的一致性和权威性。因此尼采在 1887 年于德国出版的《道德的谱系》(*On the Genealogy of Morality*)一书中反复思考西方宗教道德,他认为犹太人声称超验世界能够救赎世俗世界,这只是毫无权力的犹太人用来向镇压者争取权力的手段罢了。

犹太—基督教的道德理论,并不是完美的永恒真理,它只是从一个特定的视角规定了人生的最高价值——温顺、服从、摒弃性欲和世俗野心——而这些价值本身曾一无是处(2000:31)。视角的改变会创造出新的真理:原本被认为是软弱的表现,现在变成了坚强。否认真理的视角性就是混淆价值出现的方式。尼采说,“像柏拉图那样谈论精神和善良意味着将真理本末倒置,否定视角就是否定人生的本质”(1990a:32)。这种人生与真理之
40 间的错位关系,正是我们的文化创造的、基督教推崇的道德代码。尼采总结说,基督教仅仅是“‘人民’的柏拉图主义”;是对人生颓废的解释,在它的教义下,生命失去了自我更新的创造力。

柏拉图思想

柏拉图认为,只有思想才是有形的。我们身处的感官世界总在不断变化,因此是不可知的。我们只能了解那些永恒不变的事物。思想是永恒的、真实的、超越世俗的,它带给永恒变化的感官世界相对可知的形状及稳定性。对于柏拉图来说,感官世界是无形的,它只是思想这一真实的形式世界的外表或复制品而已。比如,我们所体会到的美好的事物,他们只不过是相对美好而已,因为他们仅仅是美这个抽象概念的具体表达。我们看到世上公正的事情,也只是因为他们与公正这个永恒不变的思想相似才拥有了公正的特性。对于柏拉图来说,我们这个世界是没有真理与真实存在的二级世界。只有思想的世界才是真实的,生活的真正意义在于关注思想世界里的真理,而不是感官体验。

真理与非真理

尼采自诩他的作品是“未来哲学的前奏”。要想象未来的思想，尼采说，我们必须跳出柏拉图式基督教义，跳出根据道德真理来解释人生的框架。尼采迈出的第一步就是拒绝将真理看成是完美的道德标准。他在1886年于德国出版的《善恶的彼岸》一书中抛出一系列疑问：我们对真理的想法来自哪里？真理是对世界的客观描述吗？是否真的可以将真理与价值分离开来？更激进的问题是，人类为何需要真理？

> 我们为何如此需要真理？——我们在这一问题面前确
> 实驻足了很久——直到我们在另一个更根本的问题面前完
> 全停滞不前。这个问题就是，是什么样的价值使我们产生 41
> 需求真理的意愿？假定我们需要真理，那又为何不需要非
> 真理？或不确定性？甚至是无知？真理的价值这一问题走
> 到了我们的面前——抑或是我们走到了这个问题的面前？
> （1990a：33）

尼采哲学的一大部分都可以说成是在试图寻找真理的价值这一问题的答案。尼采的第一个论点是，纯真理“永恒”完美的历史渊源在于哲学中的对立价值（antithetical values）（1990a：34）。尼采认为，哲学思想或“形而上学”思想通过创造对立的价值而发挥作用，比如真实、诚恳、无私，其对立面是欺骗、虚假和自私。当人们牺牲后者，推崇前者的时候，“真理”的概念就产生了。我们通常认为“真实”、“善良”、“诚恳”代表的是最基本最纯洁的价值，而“虚假”、“恶毒”、“欺骗”则玷污了这些完美的概念。然而，尼采认为，这种观点容易使人混淆价值产生的方式。我们

并不是用真实来定义虚伪,相反,真实和虚伪之间的界限是由价值观决定的。哲学家们通过判断某事为真,创造出一种假象,即与判断对立的一面先于判断之前存在。但是真实和虚伪的差别只是判断的结果,这种判断非常软弱,无法承认自己不过是一种观点而已。我们习惯性地使用“虚构”这个词——通常与虚假、易变、视角操控等意义相关联——来描述缺乏客观真实性的个人体验。这一对比的作用就是要创造一种客观公正、普遍适用且高度统一的一套“真理”体系。“真理”变成了完美的价值标准,凌驾于任何个人体验的视角之上。虚构,不再是堕落的真理:相反,“纯真理”的概念才是最高级别的虚构,旨在推崇绝对超验价值尺度和人生的道德观。我们对真理和虚构的观点有着共同的起源:尼采调侃说,真实、诚恳、无私这样的价值与表象、欺骗和自私不可分割,他们“与那些恶毒的、对立的事物巧妙地
42 编织在一起、甚至本质上与他们相似”。尼采对这一论点有一段精彩的描述,下面这段话认为,虚构和“非真理”或许不仅仅对真理的构成起到决定性作用,而且是生活前进的根本动力:

> 对我们来说,虚假的判断并不是对判断的否定:我们的新语言正是在此得到了最强有力的表达。问题是,它能够在多大程度上推动生活、保存生活、保存物种甚至繁衍物种;我们通常认为最虚假的判断(综合推理属于此类)对我们来说不可或缺:若不赋予虚构的逻辑以真值,不用想象出来的绝对同一世界的尺度衡量现实,不用数字持续的证伪这个世界,人类将无法生存——即,摒弃虚假判断,就是摒弃人生,否定人生。承认非真理乃是人生的一个条件,这无疑意味着反对带有个人色彩的价值观。这样做是危险的,

而敢于这样做的哲学思想,凭这一点,就超越了善恶。

(1990a:35-36)

这段话重述了尼采哲学的几个关键术语。或许尼采最深刻的论断就是,假的判断对我们仍是有价值的。他说,判断的“正确性”并不取决于逻辑一致程度,而是在于它是否能够创造条件,允许强有力的生活形式发展下去。尼采所谓的“真理意志”(will to truth)不同于对“纯”知识的渴望,这种意愿作为一种根本的动力,催生出能够延展和改变人生的世界观。因此,思维的目标不是寻求纯“真理”,而是建立人生观,在这种人生观的指导下,我的潜力能够充分展开,我的愿望得以满足,我的创造天性得以充分发挥。尼采认为,这种视角造成了一种“虚假判断”,即认为人生富有动力和创造性。但他又说“对世界持续性的错误判断”并不与真理的构建相对立,相反,它是真理形成不可或缺的成分,正是由于它的“逻辑虚构”才使人们在自己的体验之上建立真理体系。我们无法想象一个没有“时间”、“空间”、“身份”的世界;只有调动这些“虚构”的视角,“思想”才能 43
反映“体验”的“意义”。

思想所面临的问题,不是视角创造真理——这是概念形成的内在因素——问题是,我们忘记了,真理原本是我们自己创造出来的概念。一旦真理视角性的起源被遗忘,它将僵化成绝对的教条主义信仰。在探讨斯多葛派(禁欲主义者)的自然观时,尼采举了一个视角僵化成教条的例子:

你想“顺应自然”?哦,高贵的斯多葛们,多么具有欺骗性的词汇!想象一下自然本身,丰饶得无法衡量,冷漠得

> 无法衡量,毫无目的,毫无同情心,毫无公正可言,它硕果累累同时又荒芜易变;若冷漠本身是种力量——人怎么**可能**在如此冷漠的环境下生存?活着,不就是不想变得冷漠吗?生存不就是不断评价、偏爱、不公、受限、想要变得不一样吗?如果你祈求的"顺应自然而活"说到底是指"按生活而活"——你**不**这样做又如何可能呢?
>
> (1990a:39)

尼采在《悲剧的诞生》中提出,自然同时拥有创造和毁坏的力量,与道德无关。它毫不关心同情、正义,或人类赋予生活的其他道德观。斯多葛派哲学家摒弃世俗野心的虚荣,转而寻求自然"真理",但是他们对自然的理解其实是种礼貌性的哲学虚构,目的就是为他们自己的生活方式辩护。尼采认为,斯多葛派求助于"自然",至少在两个方面是荒唐的:首先,"人"作为自然的生物,在某种程度上想要不"顺应自然"是不可能的;另外,自然所具有的毁坏作用使我们赋予世界的所有合理稳定的解释都受到威胁。斯多葛派的"真理"是完全不同的:他们想要创造一种自然观,能够使所有的生活方式"按照他们的意愿"而存在(1990a:39)。这种天真无知的观点虽温和却是虚假的,它后来僵化成教条的表达;并在浪漫主义的各个形式中得到了复兴。事实上,教条主义是系统思想得以保存的主要方式;在这个意义

斯多葛派(The Stoics) 44

斯多葛主义(Stoicism)是希腊时期一个较新的哲学运动;它对罗马帝国的文明作出了很大的贡献。斯多葛派主要的几个思想家包括希腊人基提翁的芝诺(Zeno of Citium,公元前 344—公元前 262)、克吕西波(Chrysippus,大约死于公元前 206 年),罗马人塞内加(Seneca,公元前 4 年—公元 65 年)、爱比克泰德(Epictetus,大约公元 55—135 年)及马可·奥勒留大帝(Aurelius Emperor M.,公元 121—180 年)。斯多葛的名字来自于“porch”(门廊,stoa poikile),斯多葛派成员常聚集在门廊听讲。斯多葛派认为道德教育和智力美德是通向幸福的途径。只有拒绝极端情绪、世俗野心这些“罪恶”,视钱财如粪土,才能获得这些美德。优质生活的本质就是区分我们能控制和不能控制的事物,心平气和的接受命运。要活得正直则要摒弃所有的激情和欲望,顺从自然的理性秩序,顺从上帝的旨意。斯多葛派信徒信奉泛神论,在自然世界中随处可以发现神圣的道德原则。

上,哲学不再是冰冷的知识,而是“专横的动力,‘创造世界’的首要精神力量”(p. 39)。然而,要使思想能够跳出教条主义,必须承认非真理乃是人生的一个条件,并建立能使我们认识到自身动力及能力的新的“真理”。依照这个原则产生的哲学思想能够超越“善”、“恶”,因为它不用依赖传统道德价值就能积极的创造真理。

真理的起源

尼采在《无关道德意义的真理和谎言》一文中提出了人类思想的本质及其进化的历史理论。他反对思想代表“道德意义”,“追求真理的纯动力”的想法(1999:42)。尼采一开始便提出,人类智力的强大之处在于虚伪,而不是追求真理或纯道德意义的能力。他认为,虚伪是社会发展的根本,弱者正是通过这一
45 手段欺骗强者,获得继续生存的机会。强者可以用暴力获取他们所需要的东西,而弱者则必须使用一些手段,利用讨喜的外表来保护自己。随着社会的发展,这些诡计演变成了社交礼节。在人类社会维系和进步的过程中,这些虚伪的骗术是如此明目张胆,不禁让人想到一个最根本的问题:所谓的追求真理的纯动力的想法,一开始到底是怎么来的:

> 人类创造了虚伪艺术的顶峰,他们欺骗、恭维、撒谎、背叛、背后说坏话、注重外表、租借华服、戴着传统的面具、做出一副利己利他的样子——简言之,人类向飞蛾一样不断地扑向虚荣的火焰,这俨然已经成了法律条文,追求真理的诚实的纯动力永远不可能在这样的人类中间出现。
>
> (1999:142)

尼采认为,追求真理的“纯”动力是虚伪和欺骗的产物。我们知道,每个个体要想在社会上立足,必须欺瞒他的同僚。但是,个体又必须预防内战,建立社会同盟和集体承诺,以保障个人安全。因此,他们将隐瞒和虚伪转变成旨在减少暴力的“和平协定”,规定一系列的共同准则和严禁项目。“和平协定”推动人们迈向寻找真理的神秘动力的第一步(1999:143)。如果大家

都认同这个协定,那么真理的价值应该不会随着时间和地点的变化而变化。普世真理就这样产生了。尼采的观点是,普世真理这一新概念并不是永恒不变的先验思想,它不过是“语言规则”的次效应(secondary effect),是语言发明的一种指代“在任何地方都具有相同效度和力量”的东西的方式。与此同时,语
言规则与真理法则之间的关系在真理和谎言之间显现出来。自 46
从语言法则及普世真理有了可能,谎言即被认为是不恰当的指代方式,而说谎者也被良好的社会所排斥。但是,尽管真理法则深受这种区分的影响,人类也只想在“某些观念”上寻求真理(p. 143)。人类对虚伪并没有绝对的道德憎恨,因为社会通过虚伪才得以存在。人类仅仅是厌恶某些威胁到其安全的“欺骗手段”所带来的恶意结果。同样,人类对于那种不能带来立竿见影的好处的知识充耳不闻,而对可能削弱他们社会地位和等级的真理则“充满敌意”。因此,标志社会进步的真理其实是一种源于实用主义的自我保护手段,而不是价值和正当行为这类抽象绝对的观点。

遗忘

尼采进一步分析了真理和知识,他认为,只有通过遗忘(forgetfulness),我们才能持续相信纯真理。他对语言规范的分析逐渐发展成为对物质和因果的批评分析。我们的行为似乎在表明“唯有真理决定语言的起源”,而且似乎有某种确定性原则在物体与指代物体的词语之间建立了完美的配对(1999:144)。但尼采认为,这样理解语言是不正确的。物质和指代语言之间没有完美且必要的联系。比如在德语中,树是阳性词,而植物是阴性词,这种给予词以性别的做法只是语言学的规范用法,并不代

表自然物体的“真正”本性。不同的语言指代同一事物所用的词完全不同，从这一点可以看出，词语与指代事物之间的关系是任意的。人们以这种任意的方式使用语言，目的是创造事物的意义，而不是单纯的描述这一意义。一旦我们承认词语并不能抓捕事物的“全部的恰当的意义”，语言的性质是创造意义，这一观点就很明显了(p. 144)。传统语言理论认为，“事物本身”
47 的真实意义隐藏在现象外表之下——自然物体世界——而这一真实意义是通过语言表达出来的。这种语言学模型包含原始原因(事物本身的完美意义)、现象外表(自然形式世界)，及词语代表的事物。尼采反对这样的观点，他认为并没有外在于我们的完美的、超验的原因能够决定表象的秩序和意义。词语不是真理的纯属性，而是图像和声音通过刺激身体和大脑神经而产生的副本(p. 144)。我们所谓的语言产生于两个隐喻之中：神经刺激转化为图像(隐喻一)、声音模仿这一图像(隐喻二)。身体的感觉首先要转化成这些隐喻才具备意义。尼采正是利用这一观点重新阐述了隐喻与真理的关系。他认为，隐喻并不是对客观事实的语言表达，相反，隐喻创造了现实世界，这个世界随后又被冠以真理和价值。

那么，语言学意义并不代表概念本身的实质意义。事物本身首先显现为“神经刺激，然后转化成图片，最后是说出的声音”(1999:145)。通过将语言规定为真理唯一的载体，思维抹去了人们对感官起源的记忆。尼采认为，将意义的起源偷换成隐喻并不是语言的专属特性，这也是一般思维的特点。他的焦点随之从语言转移到概念形成的过程。对于人类来说，概念作为思维的基本单位，它的作用是至关主要的。然而，概念化的整个过程却是个例取代一般事物的过程。从独特体验中抽象出的一个词并不能成为代表这一独特体验的完美概念,它必须“能够表达众多其他相似的体验,而这些例子严格意义上来讲,都不相同”(p.145)。一个概念之所以成为一个概念,是因为它建立了一个不同形式之间相通的隐喻。比如说,“蓝色”这个概念。“没有任何两种蓝色是一模一样的”,这就表明,必须有一种标准的蓝色概念——完美意义上的“蓝色”——来衡量色彩的差异(比如说“宝蓝色”和“翠蓝”)。跟其他概念一样,“蓝色”这
一概念的形成也经历了“武断地去除个性差异,忽略区分事物 48
的个性特征”的过程。概念化的产生与语言的产生一样,都是从差异性之中寻找相似性,并将其以概念形式固定下来。尼采认为,这一过程从根本上来讲是拟人的,因为自然本身既不知道形式也不懂得概念。人类喜欢将概念固定下来,因为创造像“推理”和“诚实”这样的价值能够使我们将自己的需要投射到世界上。我们思维的发展,实际上,是通过推崇一种特定的人类知识——以我们自己的形象创造的世界——然后再以这一规范来制约自己的过程。

真理和隐喻

尼采质疑语言与思维的关系,使他对真理有了重新定义:

> 那么,什么才是真理?真理是浩浩荡荡的隐喻、借代、拟人大军,简言之,就是事物与人的关系的总和。这种关系经历了诗化和修辞强化、翻译、装饰,经过长期使用,在人心中已经根深蒂固;真理是幻觉,只不过我们早已忘记它是幻觉的事实;是隐喻,但因为频繁使用已经失去了感官活力;是硬币,但失去了印章,现在只能被当做是金属,而不再是

硬币了。

(1999:146)

尼采并没有说“真理”不存在,只是我们忘记了——或者故意压制了——事实上真理这一概念是人类创造出来的,目的是减少社会冲突,促进新的生命形式发展。一开始的和平协定,已固化成绝对法律。现在“真理”法则也变成了所有生命形式必须遵守的最基础的概念。尼采认为,这一法则的建立,使我们重新审视“人”这一概念。真理法则建立以后,人类认为,因为自己拥
49 有“真理”和“推理”的潜力,所以才为人。“作为理性动物”,尼采解释说,“人类现在根据抽象的规则来规约自己的行为;他们不再容忍自己沉迷于感官世界;他们先把感官印象加以概括,使之变成冷静的、缺乏色彩的概念,并以此更好地控制自己的生活和行动”(1999 :146)。人类与动物的区别就在于他们能够理解抽象观点,能将直觉和感受统一成固定的概念;人类的标志就在于能够“将感官隐喻升华成认知图示,换言之,将图像抽象为概念”。最终目的是制造一个道德系统及一系列真理效应(truth-effects)。尼采的真理历史学说旨在反驳人类生而带有道德观念这种内在(intrinsic)的道德观。尼采认为,所谓的社会义务逐渐使我们用“真理”、“道德”这样的固定观念来约束自己的视角。我们将这一义务当做是道德责任,它经反复固化,就变成了道德真理。

尼采认为,在现代社会,对“道德”和“真理”的理解已经变成了定义人的基础。比如访谈类节目里面反复提及的道德诉求,规劝观众通过“做真实的自己”来体验真正的自由,就是道德化的过程。尼采强调,我们完全忘记了这里所谓的真实不过

是社会规约下“习惯性的隐喻”而已(1999:146)。尼采认为根深蒂固的社会规约和道德生活全部都是隐喻,随时间的流逝,我们会忘记这些主导价值观其实仅仅是某种生命形式对世界的表达,只不过这种表达比较强势持久,成功的保留了下来(比如基督教的世界观,或者统治阶级的价值观)。我们忽视价值的起源,导致我们无意识的依赖社会道德,这些社会道德逐渐被人们接受,就进化成了新的完美的真理。这样看来,一种价值的“真实度”最终是由其被使用的频率决定的:人们越是频繁地依赖于它,它就变得“越真”。

自我 50

尼采把对真理和隐喻的批判扩大到自我这个概念。他认为,形而上学思想最大的缺点之一,是它首先假设在外表背后有一个必要的物质或“主体”给予其意义。尼采借用语言学概念重铸了这一假设,成为其著名论断之一:他区分了句子里的“主语”(subject)和“述语”(predicate)(述语肯定或否定主语的特性)。他反对“主语‘我’是述语‘想’的条件”这一公认的假设(1999a:47)。尼采认为这一假设的问题出在,想的主体被认为是绝对独立,能够辨识自然世界客观存在的“物自体”(thing-in-itself),而想则是主体的一个效果。他反对这一论断,原因在于,不论把“我”放在想这个动作之前或之后,它“都只包括对某一事件的解释,而不属于事件本身”。尼采这里的“事件”是指能够使“自我”用行动表达自己的各种感觉、动力和肌肉运动。他认为,我们相信主体的存在,是因为我们假设自我独立于“想”这个事件之外,且有意识的表达其“意愿”。然而这一信念的问题是“意愿”、“想”并不是自我“更高”级别的存在形式,能够确定自我的身份;他们只不过是一种隐喻,表达身体生理机制的“很多不同种类的感觉”(1999a:48)。我们通常会省略“愿意”、“想”和“行动”这样的字眼:这些隐喻的集合允许我们建立“我”这个概念,然后所有主观概念都是我的行动。但是,尼采认为,“我”只不过是一系列矛盾的综合。我本是某种阐释的结果——作为意愿和行为主体的“我”——现在变成了我们身份的起源。在这种意义上,“自由意志”并不是人类身份最主观的依据;它不过是我们回顾过往行为的方法。尼采深信“想”和“自我”都是生理驱动的结果,反映在他一条著名的格言里:

> “精神”,有时甚至是“绝对的,纯精神”,是思考的主
> 体,这一概念本身就是“思考”这一虚假行为的二次衍生
> 51 物。首先,思考这一行为是假想出来的,并没有真实发生;
> 其次,只有人的生理构造是有起源的,精神的起源则无从谈
> 起。这也就是说,行为和施动者都是不存在的虚构。
>
> (1968:264)

尼采因此得出一个令人震惊的结论,即,我们关于真理和道德的信念产生于从语言的语法结构,而不是对世界的“客观”阐释中。也就是说,我们只相信表象和现实之间,或本质和表达之间存在的差异,因为我们的语言强制性地区分了思想的主体和述语。我们人为地将“真实的”世界,实际上是连续不断的生理感觉,简化分割成“主体”、“客体”、“意志”和“起源”这些概念。结果就是“语法习惯性地给每一个事件加上一个施动者”(1968:268)。尼采强调,我们必须认真对待源自连续生理感觉的物质和身份等概念,这是社会和政治镇压力量的核心。对于

尼采来说,“自我”没有任何形而上学或实质身份;它仅“是”行为的总体。然而,一旦区分开行为和对这些行为负责的实质个体,就可以根据个体遵守社会道德标准的程度以道德的角度来评判个体。“自由意志”这个看似解放性的概念,实际上却最具镇压力。人们只有在遵守道德规范时,才是“自由”的,若与道德规范背道而驰,那他就是“有罪”。从这一角度来看,基督教义以自由意志为公理,更多的是一种评判手段而非自由,同时自由意志将“侩子手的形而上学主义”(hangman’s metaphysics)奉为人类事物的核心(1990b:65)。

艺术

概念推理的作用相当于一种标准语言,它有一套预设的完美真理体系,人们按照其标准,对所有的看法和直觉进行归类和判断。尼采对这一概念推理的发展进行了反复拷问,因为,这“无比复杂的概念殿堂”一旦建立在生活这个“移动的地基”之上,他就有可能成为普世人性的代表,因为这些法则、差异、分类,随时随地适用于人类。尼采却认为,这种新的思维结构错误 52
地理解了因果关系。我们不该从推理的标准原则中寻求什么是人这一问题的真解;我们应该清楚的知道,恰恰是这些新的概念法则在第一时间催生了我们对于人性本质的想法。如果要根据概念来判断生活,那我们要做的只是把世界翻译成人的语言。用自我来衡量世界必然舒适,但是用我们为自己发明的语言来试图揭开“人”这个谜底,拟人方法就陷入了一个死循环。

因为概念推理法一直将“人”作为真理的标准依据,对这一法则的任何挑战都可能改变我们对人的看法。尼采认为艺术作品就存在对法则的挑战。艺术的力量在于,它能够在其被同化到抽象价值体系之前捕捉到感官的特异性,通过这一点,它不断地提醒我们,概念系统有其隐喻根源——每一个概念都是“一个隐喻的残留”(1999:147)。艺术给我们提供了认识主体和客体之间关系的其他方法,使我们重新思考概念的形成及其自身的特点。艺术家的言语中“充满忌讳的隐喻和闻所未闻的概念组合,他们至少拆除了旧概念设置的障碍,创造性地阐释至高无上的直觉带给他的印象”(p. 152)。这些评论代表了尼采修辞的张力,他将艺术家看作是能够连贯的表达生命的文化人。但是我们必须要了解,尼采同时也坚持认为理性人也是一种艺术家——尽管他们自己也许不这样认为——他们通过把诗学关系转变成价值概念系统,从而创造出一种“现实”的景象。这两种艺术家的区别在于,后者是被动的,这种艺术——“理性”艺术——的目的是避开而不是迎接他的创造性直觉带来的各种可能。区分积极和被动的思考方式,坚信艺术应该是对生活积极的肯定,这两点是尼采对隐喻进行反思的必要条件,他在后来关于道德、意志和权力的作品中对此有更加深入的论述。

53 艺术的力量在于它不断提醒我们,生活的主流价值观都有其隐喻源头,美国诗人华莱士·史蒂文斯(Wallace Stevens,1879—1955)有一首诗《星期天早晨》(Sunday Morning)就是以此为主题。史蒂文斯的这首诗反映了人类孜孜不倦地从宗教角度区分永恒存在的超验世界和不可预见与永恒变化的世俗世界。诗的开头描写一位妇女在阳光明媚的星期天早晨悠然地品尝咖啡和橘子。在温暖充足的晨光中,咖啡和蜜橘的诱人香味、色泽在某一时刻令她有一种超脱的感觉。这一完美瞬间使她领悟,她开始思考什么是超脱,她的想法漫无边际地“跨过海洋,到达沉默的巴勒斯坦,|鲜血与坟墓的领地”。不知不觉间,她

从单纯的享受感官乐趣开始思考基督牺牲精神的神性，自己也被吓了一跳；接着，她开始思考人类以及永恒之间的关系。

> 她为何对逝者如此慷慨？
> 神性难道只在阴影和梦中显现？
> 她何不享受舒适的阳光，
> 芬芳的水果，明亮的绿翅膀，或者
> 大地其他的芳醇美好。
> 享受那值得珍惜的，比如天堂的想法？

《星期天早晨》一诗的重点在于强调神话世界与人类体验之间逐渐显现出来的分歧。史蒂文斯暗指，神“非人类所生”，他们拥有“神秘的思想”，而人类则是一种堕落的存在，这种对比，使人觉得沮丧。一想到天堂，我们自觉软弱渺小；而永恒、神性这些想法，更是让人觉得人类的挣扎都是徒劳。史蒂文斯的诗则激励我们鼓起勇气，时刻铭记神性这一想法是源于感官体验的。这样，乐园这一遥不可及、纯净完美的概念就立刻变成了人类自己创造性力量的标志：

> 我们的热血该白流吗？还是它会成为
> 通向乐园的祭奠？而地球是否
> 就是我们该了解的乐园？
> 届时天空会更友好， 54
> 我们的劳作，痛苦，
> 都是仅次于永恒之爱的荣耀，
> 不再是分隔两个世界的冰冷的蓝。

《星期天早晨》没有将“分隔两个世界的冰冷的蓝”看做是将人类与超验的圣象分隔开来的深沟巨壑，而是恳请人类以开阔的姿态拥抱我们为自己创造的这个超验的世界。“乐园的祭奠”不必是基督牺牲的鲜血；它可以是人类为了实现创造能力和享受完美主义而付出的“劳作”和“痛苦”。用尼采的话说，除非本人愿意，否则没有任何东西能够阻挡我们实现更高层次的自己。当我们实现自我的时候，我们不再考虑超验或“乐园”，而专注于克服本性，将自己提升到一个更高的层次。《星期天早晨》结尾对人类感官世界的挣扎和自我转变进行了重新评估。诗中没有对世俗和超然的世界划分绝对界限，而是逐渐将这两个世界合二为一，认为所谓的“神性”是人类通过自己的想象和隐喻“编织”出来的。我们用神性这一隐喻来表达自己本性中最深沉最珍贵的东西。现在“乐园”不再被看做是完美永恒的价值；它是凡夫俗子的创造，是一份持久的证明，证明我们有能力维护自己，改造自己：

乐园里是否也有死亡？
抑或成熟的果实从不坠地？长满果子的枝桠
沉甸甸的垂在蓝天之下？
一层不变，却也跟我们瞬息万变的地球一样，
小溪一样寻找大海
却永远找不到，可以抚平那
无法言喻之痛苦的海岸？
……还有，他们也该拥有同样绚丽的色彩
午后披上美丽的绸衣，
静静的弹奏一曲淡雅的琵琶。

死亡是美丽的母亲，神秘莫测
在她炽热的怀抱中，
我们尘世的母亲焦急等待着，无法入眠。

小 结 55

尼采重新思考了人类习惯性对真理与隐喻的区分，他认为纯真理这个想法本身就是一种隐喻，一种生活观。随着人类思想和文化的发展，我们逐渐忘记了真理源于隐喻的本质，这一隐喻使我们能够将自己的价值观和主观思想强加于客观世界之上，我们还不断提高这个隐喻的地位，将它变成客观的绝对完美的形式。认识到真理实际上只是一种解释性的惯例、主流生活观，意味着我们必须要关注它的历史及它所宣扬的价值类型。为了加深这一观点，尼采陈述了普世真理思想的非道德起源，旨在说明真理与人类内在的道德观之间迟来的认同感来自于“人”这一概念的历史根源。用忠于抽象和普世概念的角度来理解生活，是被动的世界观。艺术家恰恰相反，他们通过揭示真理和概念的隐喻起源用积极的方式表达存在，我们也因此才有可能发展新的人生观。

3

谱系学

为了更好地了解尼采哲学的发展及范围,我们需要仔细研究他的“谱系学”及“谱系批评”这些概念。尼采为了使自己的哲学思想区别于传统历史学家对于道德和文化的思想,创建了他称之为“谱系性”分析方法。本章及接下来的两章将着重介绍尼采对“道德”和“历史”的谱系性批评分析。我们之前已经讲过,尼采对隐喻的思考使他考量了“真理”这个概念的历史渊源及其构建过程。他的“谱系学”在这一话题上继续展开,目的是使我们思考如何理解人类道德价值的历史发展,尼采在《道德的谱系》一书中做了详实的解读。在这本书中,尼采给自己提出了一个历史问题,一个方法论问题。历史问题可以简单的陈述为:对人类的“道德”评价假定“基督教”、“良知”和现代平等主义政治代表着我们最高、最好的价值,这一结论是如何得到的?方法论问题是,我们最初是如何确定“价值”这一概念的?尼采抛出的问题是,我们难道不是在已有价值的基础上确定价值的思想吗？整个“道德”历史的前提难道不是道德观及具有道德责任的个人主体吗？

58 尼采的谱系批评试图寻找道德观的形成过程，不同的是，他没有依赖已有价值及“道德”和“人性”本质。他不断地思考某一实践或信仰的起源与目的之间的关系，其目的是说明我们称之为“道德历史”的东西实质上代表的是对人生发展过程的具有权威性的一系列解释。我们今天所知的关于“人”的道德思想，尼采推想，很有可能是多种历史实践的特定发展过程，而不是人类道德进步的必然结果。他激进地认为历史是对人生意义和功能连续性的解释，这促使他进一步提出了另外两个问题。如果历史价值产生于对人生权威解释的运动之中，难道我们不该重视历史实践之间的变化和不连贯性，而不是寻找固定模式和目的——例如人类内在的道德能力或者基督教对挣扎和赎罪的解释——这些是能够将历史实践串在一起的东西吗？并且，如果历史“意义”产生于这些不同的解释之间的冲突，我们所面临的最重要的任务，难道不是解释过去，以便我们有效地具有创造性地活在当下吗？

文献学

也许将尼采的作品放在19世纪文献学的大背景下才能最清晰地讲述他的谱系学。文献学形成于19世纪，主要研究各类知识的历史起源。文献学家研究宗教、神话、科学等学科的历史起源。尼采最开始学习的就是文献学，他在1869年还担任过巴塞尔大学经典文献学主任。后来，他认为传统文献学对待历史价值问题的态度既过时又肤浅，他逐渐对此失去了兴趣。如果我们仔细考察19世纪文献学内部对神话和历史文献的解读，传统和现代方法之间有很大冲突,尼采的态度就变得清晰了。传统文献学试图从零散的考古发现中寻找文本“背后”带给文本“意义”的原始身份或事件。例如,传统圣经学者考察圣经文本 59
遗迹的时候,他们对当地习语的变化或风格不一致并不感兴趣;相反,他们的注意力集中这些文本所揭示的上帝之言所代表的精神意义的起源。与此类似,文献学对《奥德赛》(*Odyssey*)这类文本的考察,目的也是想寻找荷马“思维”和“精神”不变的事实。这两个例子中,历史文本和文化价值的意义都是通过向前追溯到文本的构造,再往前追溯到最基本的构成文本的“身份”和“真理”等最基本的概念进行解释而确定的。

尼采作为一名文献学家,他一开始的工作是研究文化和神话的起源,后来他开始思考如何研究历史“起源”这一问题。尼采所推崇的现代文献学与传统文献学不同,它拒绝接受从文本材料及其“背后”的概念和价值角度阐释文本。尼采的研究工作重点从某一概念或价值的原始身份转移到最初创建这些概念的有差异的、不连续的、偶然的力量。尼采认为,从“目的论”或者以结果为目的解读历史现象(这种解读方法将历史看作是原始目的逐渐向最终目标展开)远远不够;把文化形式解释成单纯的原有思想和意义的表达也是不够的。要“理解”一个文物,比如圣经,我们必须要考虑一系列偶然事件。因此,圣经文本呈现的顺序对我们解读过去有何影响?谁能够接触这些文件,这又对解读这些文本的方式产生什么影响?学者的既得利益——或者他们之间的竞争——对他们自身的价值有什么重要意义?文本的重要性有多大程度上是由它与更宽泛的社会及历史力量决定的?在这些问题的启发下,也许圣经和《奥德赛》的意义不在于他们对于一种思维和视角的表达,而在于对社会、历史和道德不同解读之间的竞争。

我们也许可以暂时借助小说这一文学形式强调一下这两种历史实践的差异——传统文献学的解释方法和尼采对起源的质
60 疑。对这一文学形式发展历程的经典解释，比如伊恩·瓦特(Ian Watt)的《小说的兴起》(*The Rise of The Novel*, 1957)一书，认为小说是一个双重过程：资本主义结构的变化导致个人与社会阶级之间产生新的关系；一种被称作"小说"的新的虚构文学形式随即出现，来探讨这种新兴的关系。"小说的兴起"这一短语介绍的是文化历史的一个阶段(大约是17世纪中期)，此时虚构文学的出现开创了描写人类经历的新方法。小说的"兴起"也就意味着小说的诞生，至此小说表达了一种对新的"个体"类别的探索。这样解读的话，小说就是一个连贯统一的事件。可是却有人试图将小说孤立开来，拒绝承认其他文体对小说的影响。当代文学对"小说"作为一个统一的文体这一经典观点提出了质疑(Davis 1997; Hunter 1990;Stallybrass and White 1986)，认为小说文体是将一系列事件与实践之间的互动，缩减成单一性的固定概念。因此，我们今天所接受的小说这一统一概念拥有无尽的变化能力——我们说"现实主义"、"浪漫主义"或者"后现代主义"小说——实际上，这一概念是从特定社会实践(比如书信和日记)、不同类型的写作(例如政治宣传册、游记，或者现代报纸的不同语言风格)，还有类似图书馆或出版社这类机构规定的一些基本规范和要求等之间不稳定的关系之中产生的。这样，对小说进行修订或"谱系"分析就能得出，多个临时的偶然的力量促使某些概念的形成，而这些概念又是如何被应用来提供回顾性(ex post facto, retrospective or after the fact)理性化分析的。

概念和力量

尼采在《悲剧的诞生》一书中对概念和价值提出了质疑，其中就包含了谱系批评分析的形式。他对悲剧的论述大概不同于经典、文艺复兴和现代版本的悲剧，因为他不认为悲剧是一个概念。悲剧并没有任何类似于无法调和的形而上学的社会冲突之 61
类的本质。人类不断挣扎的世俗世界和对正义与报应的某种理想之间出现概念性分裂通常就是悲剧的代表。悲剧有一个统一的思想——个人或特定群体与命运和天意抗争——这一思想随时间不断地改进。我们从索福克勒斯的《俄狄浦斯王》这出剧里可以看到悲剧概念不同的冲突，俄狄浦斯试图恢复底比斯国秩序，众神却恶意地安排他杀死自己父亲，娶亲生母亲为妻，挫败他的计划。因傲慢而导致失败，这是传统思想对悲剧的看法——个人野心太大，不尊重由众神设下的界限——这一思想在文艺复兴文化中重新被利用，来探讨在封建社会固定阶级逐渐消失的世界里个人主义的界限。比如莎士比亚的《麦克白》(*Macbeth*，1605)，悲剧冲突即发生在个人"美德"的概念之中；具体表现在麦克白挣扎在忠诚的义务(作为臣民对邓肯王的责任)和对奖励的要求上。到现代悲剧，比如亚瑟·米勒(Arthur Miller)的《推销员之死》(*Death of a Salesman*，1949)，悲剧冲突的概念则迎合了世俗的资本世界。这里的"悲剧"指的是私人家庭与公共工作环境之间的竞争，大量的工作使威利·洛马克斯无法实现作为丈夫和父亲的责任。

尼采却认为，"悲剧"并*不是*一个概念，更不与意义或价值直接相关。一般认为悲剧都是从一个悲剧*想法*(idea)发展成为一种虚构的表达，而尼采却认为，希腊悲剧纯粹是先于概念层次的物质政治*力量*(force)。希腊悲剧的冲突不是思想——完美对抗世俗，或者普遍对抗个例——而是力量。众神和凡人在舞台上痛苦挣扎；合唱团和演员们随着不同的声音摇摆；音乐和肢体语言打断了思想和概念。尼采认为，悲剧艺术并不提供生活的道德解释；也不提供目的论观点中存在的目的或目标。相反，悲剧的价值在于它能够暂时用最深厚的物质力量——永不停息的生活本身——将我们置于任何关于形而上学式的安慰或者救
62 赎的希望之外。体验悲剧就是要突破个人狭隘的疆域，与永恒的生活洪流融为一体，苦难、痛苦及暴力与欢乐、力量及创造力纠缠在一起，难解难分。这种体验使希腊人穿越了道德概念直接到达了孕育所有概念的物质过程：

> 怀有不同宗教信仰的人接触奥林匹斯神，期待得到更高层次的道义，甚至尊严、飘渺的灵性、悲悯或同情，很快就会失望而归。这里没有苦行生活，毫无灵性或者责任——这些代表丰盈和胜利的东西，不管是好的坏的都统统被崇拜。
>
> （1993：21-22）

“道德”人的产生

尼采的《道德的谱系》探讨了道德思想的历史和价值。尼采认为这两个问题紧密相关，因为如果道德价值具有历史的话，那就可以考虑他们为谁的利益服务，他们宣扬什么样的人生观。另外，如果道德是对人生的历史解读，而不是所有男人和女人共同所有的自我约束的自然能力，我们就可以用我们自己的解读取代道德对价值的决定作用：我们的解读不简单地假设——不像道德那样——确有需要被发现的价值。在《道德的谱系》和

《善恶的彼岸》中，尼采对道德的历史和道德价值之外新的“贵族”生活方式进行了评判。他认为，“道德”是“堕落”、颓废地解读存在的得意之作。相反，积极“向上”的解读人生则会颂扬创造和肯定自己价值的强力意志的力量，道德的人生观创建高于生活的永恒价值——比如区分“善”和“恶”——且所有生命形式都要遵循这些价值。尼采对价值的谱系分析质疑这一过程，他认为道德历史是先于道德文化普遍实践的一套连续解读。相比于早期想要美化这一历史的道德谱系学家，尼采的目的是找出并抑制巩固道德思想的价值。“道德”是强力意志的一种特
定的历史解读，这种权力在软弱疲乏的人生形式中才会登峰造 63
极，通过揭示这一事实，尼采成功的为标志他成熟思想的非道德人生观做了铺垫。

尼采对道德思想的批评有时会被误解，因为他在作品中常用“主人”道德和“贵族”道德这类的词汇，比如 1879 年在德国出版的《人性的，太人性的》(*Human*, *All Too Human*)及《道德的谱系》，他用这些词汇描述对人生的正面肯定。“主人道德”(master morality)和尼采所刻画的西方思想的被动性或“奴隶道德”(slave morality)之间最大的区别就是前者描述的是一种高贵的生活方式，这种体验是生命存在(vital being)个人的、前反思的、自发的体验，而后者则规定了一套规则与禁忌的抽象代码，毫无差异的作用于每一种人类生活形式之上。换句话说，“主人道德”这一道德词汇代表的是上升和强势的存在方式，这种方式于旨在将人类驯服为“文明的”社会动物的道德化过程之前就存在了。尼采在 1894 年于德国出版的《反基督》(*The AntiChrist*)一书中专有一篇论述从高贵人生的前道德状态到后来道德作为否定人生判断人生的概念这一转变：

> ……**道德**不再表达一个国家生活和成长的状态,不再是一个国家最深层次的生活直觉,而变成了抽象的、生活的对立面——道德是想象力的退化,是监督所有事物的“恶毒眼光”……
>
> (1990b:148)

诚如这段话所说,尼采认为,“道德”从描述一个国家“最深层次的生活直觉”(它的价值或习俗)变成一种规定每一个个体如何生活的“抽象”顽固的法则时,它就出现了问题。

《道德的谱系》中第二篇文章,“内疚”(Bad Conscience)呈现的是尼采称之为“人”的“道德化”的历程,以及对谱系批评的方法论原则的总体反思。尼采的观点是“人”通过旨在“培养会承诺的动物”的一种心理培训的形式达到从自然动物向社会动物的转变过程(2000:38)。这种培训对于社会责任的发展是至
64 关重要的,因为我们要确信自己的言论和信仰的能力取决于我们接受的承诺和采取的行动。因此培养责任感重点就在创造“人”的记忆,这样他才能懂得过去的言论和现在的行为之间的联系。一旦他确认了“我应该这样做”和“意愿的实际表达”之间必然的联系,他就接受了自己“可靠、合规、自主”的形象,因为他意识里面理解的自我形象是连续一致的(2000:39)。

尼采写道,认为个体具有足够的责任感许诺并信守诺言的观点,本质上与我们的“自由意志”思想和道德自助的“主体个人”思想是一致的(2000:40)。这样的个体不再需要服从道德习俗——传统法律不断积累于一个族群的负担——相反,他只要决定了那种行为跟他的世界观一致,他就能自主决定道德和价值标准。从习俗到自主决定道德的转变在自我发展过程中具

有划时代的意义。伴随这一转变，一种新的人类官能——良知——产生了，通过良知，“人”保留他对自己道德责任的记忆：

> 对**责任**这一不同寻常的特权，这一少有的超越自我和命运的自由和权力的意识，已经深入人心，变成了一种本能、一种主要的本能：如果人需要给这一本能命名，他会用什么词汇呢？答案毫无疑问：自主人称之为**良知**……
>
> (2000:40)

我们愉快地假设，尼采继续说道，“良知”和道德上的自觉代表的是一种自我改善自我约束的内在能力，能够防止我们堕落成为暴力、残忍和野蛮的状态。尼采对这一天真的历史假设提出了质疑，他认为，我们的“自然”道德观是暴力和残忍的文化制度制造出来的，并不是妥协的结果。“记忆”和“良知”并不是自然官能，而是“记忆术”延迟的历史效应，它用痛苦和惩罚来制造对违反道德行为的永久恐惧：

> 人想要为自己制造一种记忆，没有流血、折磨和牺牲是 65
> 不可能的：最恐怖的牺牲和惩罚(包括用长子祭奠)，最恶心的肢残(比如阉割)，最残忍的宗教祭祀(所有的宗教，本质上都是残忍的系统)——所有这些都源于人的一种特定的本能，人们通过这个本能发现，痛苦是记忆术最强有力的助手。
>
> (2000:41)

积极的分离

“内疚”一文开篇就介绍了尼采最重要的主题：他的“谱系学”思想本质上是对各种不同类型的价值和不同层次的存在进行了积极的分离（active separation）。这一晦涩的主题比较不易理解，但是如果我们回想一下，对于尼采来说，“谱系学”既是一种检验道德历史的方法，也是区分“高”、“低”价值的方法，会对理解有所帮助。《道德的谱系》第一篇文章关于“善与恶”和“好与坏”的论述中，尼采批评了英国心理学家们提出的道德历史，认为它“根本一点历史性都没有”（2000：12）。尼采认为，他们的错误在讨论概念的衍生与“善”的判断上面显露无疑。他觉得，这些心理学家错在他们想要在强势群体做出的无私、利他的行为中——比如救助弱势群体，允许他们在社会中有自己的存在方式——寻找“善”的源头，这种行为被受施者称为善举。这个版本的道德历史中，“善”是由弱者创造出来的价值，目的是奖励强者的恻隐之心，因此他们才得以保住自己脆弱的、困难重重的生活。然而，随着时间流逝，人们逐渐忘记了“善”的起源本是策略性地赞扬强势群体的克制和宽容，“善”慢慢的转变成一种完美的、与时间无关的道德美德。善不再定义为对某些特定个体的善举——那些没有被惩罚的人们——而是与具体的人无关的善。它变成了一种抑制暴力的宽泛的善的概念。弱者的价值变成了普世价值。

尼采反对这种版本的道德历史，他列出了两个原因。我们在第5章将会讲到，他认为弱者不可能创造价值；他们可能会对已经存在的价值框架提出反对，但是区分高贵生活与低俗生活却超出了他们的能力范围。他反对的另外一个理由是因为这样

实证主义与心理学 66

实证主义历史悠久,可回溯到古希腊哲学时期,但是英国实证主义和心理学传统可认为起源于苏格兰启蒙运动思想家大卫·休谟(1711—1776)。休谟认为,所有我们认为不受时间限制、符合逻辑的普世原则——比如因果关系、必要性、身份及法律——都是经验的结果;他们都是大脑作用于经验之上的虚构而已。即使先于经验且是经验的依托的自我或主体本身,休谟也认为是一个虚构:它是一个假想出来的身份,允许我们将世界和自己整理成可控且可活下去的形式。休谟之后的传统心理学及联想主义试图解释"法律"和人类思维,他们试图将感官经验与连续的因果关系的世界合二为一。其他的思想家,比如谢夫兹伯里伯爵(Earl of Shaftesbury,1671—1713),甚至为道德观辩论:善不再是外在的完美理想,而是人类拥有的内在能力,用以判断世界的善与恶,或者什么对人类有益或有害。因此,心理学传统消除了无关时间无关人性的逻辑法则,承认人类心智合法、合规且符合常理。尼采反对这一传统,他的实证主义认为,思想、身份、法律都是人脑的虚构。他否认思维和心智是合法的或善良的。尼采并没有过多讨论是否存在一种人类心智把世界治理得井井有条,相反,他探讨了一般思想——包括人性——是如何产生的。他的问题是,什么样的感官印象——比如惩罚和道德图像——催生了道德"人"?

一种历史接受针对社会习惯的某一特定观点——弱者提出的善

就是无私的宽容——且将这一概念固化成决定一般道德价值的模板。尼采认为,这种错误是将被动的接受道德标准误做主动的创造道德价值。他接着说,善不是源自善举的受益者;相反,施善者本身就是“善的”——这些强大、高贵、具有创造力的个体——他们才是给自己的行为定义为“善”的人(2000:12)。强者这样做肯定了自己的意愿,积极地将自己与弱者和低俗的生
67 活方式分离开来。积极的分离强者与弱者的一个结果,就是创造了“善”与“恶”这样的价值。尼采将这一区分行为称为“距离同情”(pathos of distance),存在于不同层次生活之间。“同情强调了自身的高贵和距离”,他解释说,“更高一级的人向比他们低级的人表现出来的一种根本上的优越感——这就是‘善’与‘恶’对立的起源”(2000:13)。“谱系学”对于尼采,不仅意味着要探索历史起源,还要探索区分了积极和被动生活方式、创造了价值的分离运动。引用法国哲学家吉尔·德勒兹(1925—1995)介绍尼采哲学的一段话:

> 谱系学讲的既是起源的价值又是价值的起源。谱系学反对绝对价值,也反对相对价值和实用价值。谱系学重视的是价值的不同元素,价值正是从这里衍生出来的。因此谱系学既指起源与诞生,又指源头的区别与距离。
>
> (1983:2)

内疚

物质实践,例如牺牲和肢残被利用来创造一种新的生命形式——比如内在主观的“记忆”和“良知”——作为道德价值的依据,而尼采的谱系学分析主要就是推翻这种因果关系。他进

一步分析了“内疚”——或“对犯错的良知”——以及惩罚的起源。这也是尼采最重要也最具争论的论断之一，因为这一论断要求我们重新考虑公正、法律和惩罚这些最基本的概念。尼采说，传统道德谱系学认为惩罚是对僭越道德的处分。这一思想既是道德系统也是法律系统的基础。从这一角度来看，惩罚恶人是“正确”的行为，因为他拥有自由意志且拥有选择行动的道德自主性。然而，尼采也说，惩罚僭越道德行为的正义思想，其实“是晚期才出现的，经过改良的人类审判和干预形式”，与原始心理学一点关系也没有（2000：43）。惩罚，对原始人来 68
说——事实上，对人类大部分历史来说——都不是由罪行这一道德概念决定的。惩罚并不是力量的回归——比如道德对行动或意向加以的判断——而是强者对弱者施加的权力。不过，后来惩罚借用了债（debt）这一概念，这时就可以用力量来声讨或者偿还之前的力量。从这个角度来讲，惩罚的发展超越了简单的报复，变成了对与错这一宽泛系统的基础。惩罚不再是以力量约束过错，而变成了决定什么是犯罪、什么是违法、什么行为可加以制裁的力量。惩罚变成了一种道德力量，超越了特定的力量回归，并以权力的一般特性对违法行为进行惩处。尼采认为是对与错这一道德系统开创了惩罚机制，但它毫无历史依据，我们应该加以抵制；同时，应该接受是惩罚机制导致了对错判断这一观点。如果有能被处以罪责的个体，且他面临被惩罚的威胁，则他或者遵守法律或者创造一个免于惩罚的法律。惩罚的重要性在于，对之前力量的偿还给予了某些行为以道德价值。这就是尼采总结出来的（道德）犯罪和（经济）债务之间重要关系的基础：

> 纵观大部分人类历史，并**不是因为**犯错的人对自己的行为负有责任而受到惩罚，因此，犯错本身并**不是**惩罚的全部要素——而是，如父母惩罚子女一样，是处于对犯错者的愤怒——人们认为所有的伤害都该有**相应的**补偿，施害者要以**痛苦**来补偿被害者，对犯错者的愤怒正是源于这种想法。这种原始的、根深蒂固的、可能再也无法根除的想法是如何获得权力的呢？我已经阐释过：这是由**债权人**和**债务人**之间的契约关系决定的，这种关系历史悠久，与“法律主体”概念一样久远，可追溯到基本的买卖贸易产生之时。
>
> （2000:43）

尼采用两种方式建立了罪恶这一“主要道德概念”与债务这一物质概念之间的联系。他认为，贸易得以实现的唯一方式，就是
69 债务人必须要记得他要付款的承诺；“严厉、残酷、痛苦的”记忆术的技巧在这里找到了理由（2000:44）。倘若债务人无法偿还债务，债权人则有权对债务人的身体造成任何形式的伤害；例如，“割下与债务看起来等同的肉”，这类“经济上的”讨价还价构成了多种原始和经典法律条例的基础。莎士比亚笔下《威尼斯商人》中的威尼斯商人夏洛克向安东尼奥索要一磅肉来顶替他的债务，就是这种以经济为考量的公正的体现。尼采认为，这种经济补偿背后的逻辑，是债权人虽没有得到货物偿还，但是得到了权力：他通过向债务人施加痛苦，暂时享受“主人的权利”（2000:45）。从这个意义上来说，施加惩罚并不是违反道德法的后果，而是一种经济惩罚机制，通过惩罚区分了等级。

尼采在这里提出了他对道德思想历史最大的质疑。尼采认为，只有当我们压制或者忘记道德意识中的残忍及暴力时，才能

从动物“人”转化成道德人。内疚不再是债权人和债务人之间的经济关系,而是变成了人的道德本性。尼采的谱系学论证的就是这一转化。尼采强调,若要充分理解这一转变的重要性,我们必须要牢记,首先内疚和个人义务源于买卖关系;其次买卖关系是衡量自己及与他人关系的方法,且使积极的分离强弱生命形式成为可能。“定价、定值、寻找等价物、交换”,尼采解释道,“这些占据了人的大部分思想,甚至构成了他的思想”(2000:49)。计算和交换这类经济概念也能在由强者建立的公正和法律系统里找到源头,这样一个至高无上的权威系统目的就是阻止弱者向强者施加报复(2000:53)。

随后出现的“内疚”及基督道德对人生的解释消除了罪恶、 70
公正和法律的道德起源。随着基督降临,“上天向人类投下道德暗影,使人类耻于为人的感觉与日俱增……我指的是通过溺爱和说教,基督教终于教会动物‘人’对他所有的本能感到羞耻”(2000:46-47)。人在社会中的自我封闭性为这一堕落的转化提供了环境;所有我们不能对外释放的本能只好“自我消化(turn inwards)——这也就是我称之为人的内在化(internalization):人内心的这些情感,后来被称作其‘灵魂’”(2000:61)。基督道德教义巧妙地把人因无法继续过豪放本能的生活而产生的“内疚”转变成了对生存本身的罪恶感和羞愧感。尼采觉得,界定经济关系(这种债务,至少在理论上是可以偿还的)被重新解释成无限的对“原罪”的精神债务,这正是新生的对生存本身的罪恶感的依据。现在,凡是生存的人都逃脱不了精神债务,“一次性偿还”是不可能了,取而代之的是“无处发泄的懊悔”和“偿还不清”(永罚,eternal punishment)的想法”(2000:67)。尼采总结道,惩罚这一道德概念就是源于新出现的对生命主导性的解释。“道德”视角下的“人”,如各种存在观一样,代表的是对价值的重新评估,目的是保证某种人生观能够超越其他观点。

起源与目的

尼采从道德谱系的角度重新解释道德的起源对哲学和文化思想都有着巨大的影响。其中一个原因是,尼采坚持认为我们需要一种全新的方法理解历史事件和人类实践。在《道德的谱系》中,他把自己的很多想法归纳成书中的“主要的历史方法”(major point of historical method),这也标志着他与传统历史编撰学的分裂(2000:56)。“道德谱系学家”提出的历史解释的问题,尼采说,在于他们把某一实践的起源与它的目的混为一谈。比如,探讨惩罚与法律之间的关系时,他们就强调惩罚的“目
71 的”——比如报复或者威慑——再把这一目的当做法律的“起源”。但是,从尼采向我们展示的惩罚从“经济”向“道德”转变的过程中,我们可以看出,某一实践的起源和它最终的目的之间的关系很有可能相距甚远。尼采认为,一个合理的“谱系学”解释,应该先叙述某一实践的历史发展过程,再去探求它出现的目的和意义;重点是根据主流价值的需求来系统地解释某一实践的“意义”和“目的”:

> 道德谱系学家目前为止是怎么做的呢?天真,这是他们的惯用做法:比如,他们强调惩罚的“目的”,报复或者威慑,然后再无知地把这一目的放在开始,作为惩罚的**原因**(causa fiendi),然后——就结束了。但是研究法律出现的历史最不该引用的就是“法律的目的”:相反,对于所有的历史研究,有一个至关重要的命题,我们**应该**努力得出的结

> 论就是，一个事物的出现与它最终的用途、实际应用、与系统的融合性，是**完全**（toto coelo）分开的；存在的事物，现有的状态，不断地被一个更高级的力量重新解释、征用、转化、赋予新的目的；有机世界里的所有事物都涉及**压制**（over-powering）、**控制**（dominating），这些压制和控制就包括重新解释、调整，在这一过程中，他们之前的“意义”和“目的”必然被模糊掉甚至完全消除。
>
> （2000:54-44）

事物的目的或用途与它出现的历史之间并不一定有着割不断的联系。事物的“目的”，尼采强调，只是某种“强力意志”强加给它的一种解释。在这个意义上，某一事物或实践的“历史”记录包含“更强的力量”——可以是个人、机构或者意识形态——对它的同化和重新配置，把它重新塑造，以满足自己的需求。试想，假如过去的六十年里重新对莎士比亚戏剧的历史意义进行解释。劳伦斯·奥利维尔（Lawrence Olivier）电影版的《亨利五世》（*Henry V*，1944）的重要性主要在于影片中表述的英伦风格：
这位克制但坚决的英国文化的守护者，他的军人精神使他在外 72
国也赢得了赞誉（该影片使劳伦斯·奥利维尔获得美国奥斯卡特殊荣誉奖）。影片中的英国形象很大程度上反映了“二战”对英国造成的创伤。保守派政客和报纸编辑在战后文化中更加强调了带有英国“特色”或“精神”的“莎士比亚”风格，对他们来讲，提到“莎士比亚”这个名字就意味它与极具毁灭性的文化现代性及综合性学校诞生之前的伊丽莎白光辉时代有着延续性的关系。然而，在同一时期，其他的读者和文化评论家注重莎士比亚的戏剧风格，包括曲折的情节，对治国智慧的痴迷，对篡权、叛乱的叙述,以及台词中涉及的对性别角色、性及社会秩序的思考。莎士比亚戏剧的台词始终是不变的,可是他们的意义及文化共鸣则取决于社会背景、人们对戏剧解释的目的。尼采早就意识到了这一点,他认为某一"事物"或"传统"的发展过程不该被认为是极具逻辑性和目的性的从源头发展到实现其意义的过程;它应该被理解成是某种力量和利益对其占用和转化的偶然历史:

> 人们认为惩罚机制是为了惩罚的目的设立的。但是任何一个目的和用途都只是一个**象征**,是强力意志征服了比它弱小的东西,并将自己对用途的想法强加其上;"事物"、机构、传统的全部历史,在这个意义上,都可以是连续的象征符号,不断地反映出新的解释和适应,诱发变化的原因甚至并没有相互联系,有时可能仅仅是随机地相互跟随或替代。事物、机构、传统的"发展"因此也不是向某一目标的前进的**进程**(progressus),更毫无逻辑可言:用最短的路程消耗最少的能量和代价——相反,它是一系列或多或少比较深刻、相互独立的对某一事物的压制,每次遭到反抗时,压制力量就会以防御和反应为目的试图转化之,结果,也是一系列的反措施。形式是不固定的,"意义"更是如此……
>
> (2000:55)

小 结 73

尼采的谱系批评验证了道德价值的历史发展。谱系批评试图解释这些价值的出现，在这一过程中没有依赖于决定道德的前提条件，也没有依赖于“道德”和“人”的本质。受现代哲学发展的影响，尼采的道德谱系学将分析重点从某一历史实践背后的原始统一概念或价值，转移到催生这些概念的互不相干的、偶然因素之上。这区分了历史实践的起源与目的。谱系分析方法先向读者介绍某一实践的历史发展，然后才分析它产生时的目的和意义；这种方法强调根据主导力量的需求对实践的“意义”和“目的”进行系统的重新阐释。尼采对道德历史的谱系分析反对将道德思想看成是内在的、自然的能力。道德概念产生的根本原因是主流力量和利益对生活不断的重新阐释。

4

历　史

本章详细介绍尼采在对道德起源进行谱系分析时发现的“主要的历史方法”，重点在于尼采针对历史观提出的几个问题。尼采在写作过程中，一直对历史的价值这一问题兴趣颇深。尼采不断地提醒我们，我们总是假设文明人格的标志就是他拥有完善的历史意识。“文明”意味着至少要懂一些经典文学，文物历史，还要懂得历史文物的伟大文化遗产价值。然而，尽管完善的历史意识可能是文化成熟的表现，但这对人类必然是有好处的吗？有没有可能我们对过去的痴迷反而使我们固步自封，丧失了创造性？或者更宽泛的讲，尼采问，我们的历史观到底是做什么用的，它对现在的生活方式有何影响？

历史的用途

这些问题是尼采对传统历史编纂学进行谱系分析时提出的。他分析历史编纂学有三个原因。首先，他反对人类价值和

信念是人的必然本性的表达,与历史无关。尼采认为,他们是某些历史力量和利益的创造物。因此他主张“法律”和“公正”都
76 不是人类根本需求的自然表达:他们是对人生的重新阐释,是主导力量为了限制弱小产生报复心理而创造的。我们在下一章将会讲到,尼采认为,“道德”本身是愤恨的弱者在特定历史下创造的,目的是与主动的贵族阶级抗衡,取得统治权。其次,尼采认为,历史的“意义”是由能够对人生重新阐释的力量决定的。正如惩罚的历史所揭示的一样,某一实践的形式可能保持相对不变,但是它的意义却可能根据其被利用的方式而变化。它存在的目的可能是为了惩戒某种道德僭越的行为,它也有可能在债务和赔偿经济系统中取得一席之位。某一事件的意义并非仅有单一的“目的”,尼采在其他作品中也有提到,事物的“意义”“就是”它所有阐释的历史。第三,尼采认为,对生命的“阐释”表达的总是特定的“强力意志”的力量。他认为,形式被作为生命意义——比如法律、公正、道德——的组成部分,这本身就是某种对生命的阐释,以便将其他力量同化到自己的权力范围中来。上一章结尾,尼采关于惩罚和法律的引述中采用的军事比喻“反抗”、“反措施”和“压制过程”,就暗含了这一观点(2000:55)。如果“历史”是一系列变化的价值和阐释,历史机构的意义和功能将由那些把自己的意志强加于环境之中,且试图以自己的方式阐释人生而组织事件的人来决定。因此,尼采相信“强力意志表达在所有发生的事情上面”(2000:56),而他的“谱系学”理论正是这一信念至关重要的基础。我们将在第 7 章进一步讲述这一论断的含义。

这些观点构成了尼采最具影响力的谱系分析的基础:他对历史观的分析,在他的《不合时宜的沉思》(*Untimely*

Meditations)第二篇“人生历史的用处及劣势”中有详述,本书于1874年在德国首次出版。尼采在标题中使用的高明的修辞——标题暗指历史有特定的“用处”,忽视它将对我们的“人生”“不利”——鲜明地把他的分析和其他历史相对论区分开来。“历史相对论”是指某一特定事件或结构与其历史背景之间的关系。有表意和目的论的形式,历史相对论通常用来建立 77
过去和现在之间连续的历史观。表意版本的历史相对论,比如伊恩·瓦特的《小说的兴起》同样认为,小说这种新的文学形式表达或反映的是社会结构的变化——小说中强调的个人意识表现出商业资本主义制度下新式“个人”的心理状态——我们不断地读小说,因为我们的经验依然是个人主义的文化的决定条件。目的论版本的历史相对论也建立了同样形式的联系。通过一系列偶然和变化,历史源头转变成“后历史”状态,历史意识的内在意义正是在这一转变过程中实现的。基督教中的天意,就包含历史的目的论意义,例如人类从乐园坠落到充满偶然、变化、死亡的人间,还有启示录和末日审判中神圣世界和世俗世界之间的和解。世俗世界的经历多少会显示一点神圣世界的模样;代表历史的“意义”的,则总是从历史意识向历史无意义的状态的转化过程。

尼采对历史价值的思考与以上版本的历史相对论有很大不同。他主张,历史事件的意义不是由事件发生时更广泛的历史背景决定的;历史编纂学的目的也不仅仅是提供过去和现在之间的叙事联系。学习历史的意义,他说,不是去发现过去事件的“事实”,我们需要历史来“更好的生活和行动”(1997c:59)。关于过去的某些论断可能符合史实这一点,比起它教会我们如何在当下享受创造性的生活,就没那么重要了。尼采把第2章关于真理和价值的批评延展到历史意识这一问题上。他认为，相信某事为“真”，并不一定代表它有价值；的确，有很多事实对于我们选择如何生活的方式无关紧要（p. 89）。事实上，如果我们抱着学习更多“常识”的心态来学习历史，这将对我们有害无益，因为，有很多种知识形式——比如基督教义中的谦卑、放弃
78 世俗等——会阻碍我们能力的发展。正因如此，我们学习历史不该是为了寻找完美、无私或带目的的真理；相反，我们应该建立各类历史事实的谱系批评，使我们能够选择过去的某些元素，以便更有创造性的活在当下。这一观点将谱系学家与历史学家区分开来：尼采认为，谱系学家有能力根据自己的观点和价值观选择不同种类的历史事实。“我们想为历史服务”，尼采说，但“只限于那些为生活服务的历史”（p. 59）。

主动遗忘

尼采区分了真理与价值，因为他相信人类有可能会背负太大的历史负担，以至于我们会失去享受独立创造性生活的能力。19 世纪的文化体验到了历史的狂热；现在生活变得“卑微堕落”（1997c：59）。值得注意的是，19 世纪经历了古典文化遗产复兴。对古典文化的兴趣来自于大学将哲学设为一门重要课程。18 世纪后期在欧洲兴起的亲希腊精神（philhellenism）运动也表达了对古典文化的兴趣，提出这一观点的代表作家包括约翰·哥特弗雷德·赫尔德（Johann Gottfried von Herder 1744—1805），约翰·约阿希姆·温克尔曼（Johann Joachim Winckelmann，1717—1768），英国浪漫主义诗人威廉·布雷克（William Blake，1757—1827）、拜伦勋爵（Lord Byron，1788—1824），以及珀西·比希·雪莱（Percy Bysshe Shelley，1792—1822）。亲希腊精神运动将完美

高贵的希腊艺术看作是永恒精神价值的源泉,认为它能够重新塑造当代文化传统。我们要记得,尼采曾经钻研的是文献学,这对它的思想有着深刻的影响。然而他却脱离了传统文献学,因为他不能接受将希腊文化看作永恒普世价值的知识宝库。对于尼采来说,希腊的生活是由相互竞争的社会和政治理论推进的。如果将希腊艺术看作是将挣扎和冲突转变为稳定文化形式的“道德”和“精神”力量,则是不对的;希腊文化的优势在于它能
够同时吸收标志生命系统的创造性和破坏性的力量。因为“最 79
高”价值是挣扎和冲突的产物,尼采主张,研究古典文化遗产的历史意义不是被动的重复或依附希腊价值,我们必须向希腊人那样富有想象力的创造我们的过去。因为只有不断挑战标准人生观和文化观,我们才能创造新的价值。

遵守标准文化价值观点的人,无法主动创造人生观。小说家乔治·艾略特(1819—1880)在《米德尔马契》(*Middlemarch*, 1872)中刻画文献学家卡索邦先生的形象时也表达了这一观点。卡索邦先生终身的工作就是找到“解开所有神话的钥匙”:他试图建立一个巨大的历史网格来解释“世界上所有的神话系统或神话碎片都是某种传统开始堕落的表现”(Eliot 1994:24)。卡索邦认为,当代文化的堕落正是与其脱离“原始”古典传统有关。然而,如《米德尔马契》中讲述的一样,卡索邦对过去的执着使他无法有效的活在现代社会不断变化的关系“网”中。他远离了喧嚣的生活:他才思枯竭、婚姻不幸,直到他去世之时也与周围世界格格不入。

卡索邦的命运揭示了个人沉湎于历史的危险。尼采将背负沉重历史意识的可悲人类与草地上悠闲吃草的牛相比较。他问,为什么,人类作为高级物种,会把这些动物的快乐看做是

“失乐园”(1997c:61)? 因为他们无法理解过去的负担,这使他们无视历史、满足地活在当下。尼采承认,这种绝对的无视历史的观点对人类来说并不适合,因为我们是社会动物,具有虚伪的能力和一定程度上的自我意识——包括对死亡的意识——这些都教会我们存在就是一个“自我否定、耗损、矛盾的东西”(p.61)。然而,被动放任地让过去的无情压力包围自己,意味着将我们的
80 身份置于众多对世界的解释之下。那时,我们将像漫无目的的游客那样体验历史,“寻找消遣或刺激,徘徊着,像在画廊中看画一样”(p.68)。

尼采对这一两难境地提出了解决方案,他建议人类创建自己的世界观,并通过这一行为主动地忘掉历史的负担。主动遗忘、培养无历史观,是“所有行动的必要条件”(1997c:62)。事实上,尼采认为,无视历史的能力正是我们的历史观的基础。如果我们不能主动地扬弃过去的经验,我们将会被淹没在“未来的洪流中”,我们的历史意识将会失去形状和连贯性。历史观太强会毁掉“历史”概念本身。尼采笼统地概括了这一想法,他说,“历史观中存在一定程度上的警觉和反思,这对生存的事物有害甚至致命,不管这事物是一个人,一个民族或者一种文化”(p.62)。

尼采认为,“历史观”和“无历史观”对个人、民族和文化的健康来说都是必要的。谱系学家是不合时宜的思想家,这不仅因为他质疑对历史传统的解读,也因为他承认无历史观对创造历史价值的重要性。为了使现代文化有效的利用过去,很多类型的历史经验必然要被抑制及遗忘。尼采的谱系学解读反复强调“历史”状态是一个选择和抑制的过程,这关乎生活形式与权力模式之间的关系。某种生活形式——比如基督教或者现代政

治民主——一旦拥有能力无视历史,摆脱历史负担,与过去断绝关系并设定自己的价值,它就会变得强大。真正强大的自然从历史中采纳它需要的东西,以便为自身存在创造最有效的条件。要这样做,它必须将生命限定在一个特定的“范围”之内,通过这样的方式给历史的洪流设定限制(1997c:63)。这个“范围”建立起来之后,才能在有益于人类的历史意识——比如思想及自我反省的能力——和无历史观的限制界限之间建立一个平衡:

> 快乐、良知、好事、信心——所有这些,不管是对个人还是国家来说,都取决于一条区分光明与黑暗的界线;取决于
> 人既能在合适的时间遗忘,又能在合适的时间铭记的能力; 81
> 同时也取决于强大的直觉,能够判断何时面对或回避历史。读者们应该好好地思考一下这个问题:**无历史观和历史观对于个人、民族和文化的健康同等重要**。
>
> (1997c:63)

历史类型

相比于传统历史编纂学,尼采的谱系学更注重历史在哪些方面对人类有用。注重历史的有用性而不是它的“客观”价值,这在尼采对历史类型进行谱系分析中达至极点。尼采区分了人类利用过去的三种基本形式:丰碑历史(monumental history)、文物历史(antiquarian history)和历史批评(critical history)。历史的“丰碑”概念是由“实干家”们提出的,他们认为当代文化充满堕落和自恋(1997c:68)。他们试图振兴过去那些使人变得高尚的东西,来阻止当前文化堕落的趋势。丰碑式历史学家的根

本目标是在当下重建历史的伟大时刻；尼采认为这一目标有可能实现，因为“人类个人挣扎的伟大时刻构成了一个链条”，“像绵延不绝的人体山脉一样将人类几千年的历史连在一起”（p. 68）。对文物历史的研究是对过去的崇拜，并以连续的民族传统为基础，试图定义当下的重要性。文物历史观主要是由学者和保守派政客倡导的，这种观点“通常是现在官方指定的所谓的真正的历史观”（p. 74）。最后，尼采总结了历史批评，他定义为“评判和谴责”的历史（p. 72）。历史批评学家在当下这个法庭上控告过去，目的是寻找历史中能够帮助我们建立强大而有效的生活条件的诸多方面。这些史学家必须要“拥有足够强大的力量，且时不时地运用这力量脱离或弱化某段历史”（p. 75）。因此，历史批评不是由真理、公正和对传统的忠诚这些抽象完美的
82 概念控制的。它所认可的价值，只存在于某些历史力量之中，那些“为生活服务的，永不满足的黑暗驱动力”（p. 76）。

显然，这样一个概括使谱系批评提出的问题——我们如何变得强大，创造能够为生活服务的历史？——在历史批评中找到了答案。丰碑历史和文物历史的缺点，使历史批评的好处更加凸显。丰碑历史有两个弱点：它巧言令色地假设某一时代的价值可以复制到另外一个时代；它强调重大历史事件不受时间限制，这实际上有碍人们创造积极的价值观和生活形式。这些缺陷加上文物历史永远“向后看”的弱点，就变得更加严重。文物历史完全不顾“更高生命形式”和新型的历史力量，只一味的崇尚那些屈服于某种传统的历史事件。文物历史“只知道如何保存生命，却不知道如何创造生命”。然而，尼采认为，尽管丰碑历史和文物历史有种种缺点，我们也不该完全否定他们，而应该用历史批评的活力来补充他们。一个谱系学家，如果懂得历

史的传统与价值，他的历史观将会迎合人类现在和未来的需要。一旦我们可以从当下的角度带着批评的眼光去修正丰碑历史和文物历史知识，我们就能够制造出一个新的历史版本，开创新的人生观：

> 我们都是先辈们的产物，我们自然也继承了他们的过失、激情、错误甚至罪过；想完全挣脱这一联系是不可能的。如果我们谴责这些过失，认为自己完全没错，这并不会改变我们来自于这些过失的事实。我们能做的只是，用我们的知识对抗这些遗传来的本性，并通过一些新的严格的制约，对抗这些本性，并培养一种新的习惯、新的直觉，第二天性，这样我们的第一天性就会慢慢退去。人们这样做，是想编造一个自己想要的起源，而不是接受自己本来的起源……
>
> （1997c：76）

现代性与样式 83

尼采认为，历史知识的恰当功能"总是且只是对即将终结的生命"才适用，这一点是他对现代性批评的基础（1997c：77）。他认为，现代文化脆弱的一个原因就是，历史知识本该用来创造强大的生活形式，但这一角色不复存在，因为人们现在要求历史必须是一门科学。这种转变一旦发生，知识就失去了其历史特定性以及他创造价值的作用。现在只有符合某种客观真理的标准，知识才被认为是有用的。但是尼采却坚持认为，知识只有在某一特定的历史生活形式的"地平线"上，它对人类才是有用的（p. 63）。"生活需要的"历史观与新的"标准科学"之间产生了分歧，由此产生了现代经验的定义性特征：不断创造客观和无价

现代性

现代性的定义有很多，相互之间不乏冲突和矛盾，而通常意义上是指从外部权威向内部权威的转化。以托马斯·霍布斯(1588—1679)及勒奈·笛卡尔(1596—1650)为代表的哲学家不再依靠上帝或者神圣秩序的概念来决定什么是正确的。哲学家和科学家们坚信权威应该是可证的、人性化的且符合人类理性的。18 世纪的启蒙运动认为，如果声称某事为真，则必须要证明；人不该简单地接受所谓标准的智慧、传统或现存的阶级。**现代性**这个词 16 世纪就已被定义了，**现代主义**却常用来指 20 世纪的艺术运动，这场运动指出，现代性追崇的理性和人性的最高价值全部是一场幻觉。原本认为可以取代外部权威的理性，不过是另外一种神秘的权威而已。现代主义作家，比如詹姆斯·乔伊斯(1882—1941)，弗吉尼亚·伍尔夫(1882—1941)及 T. S. 艾略特(1888—1965)笔下的人物并不完全理性，而是充满了流动的印象、破坏性的欲望、原始力量、无意识的动机、肉体情感和意识流。现代主义批评的标准且固定的形式，因此是现代性的延伸。现代主义也对现代性进行批判，现代主义认为，传统外部权威不能被内部人性权威所取代。

84 值的“知识”，它们“不再充当转化外部世界的媒介”，而是隐藏在混乱的内心世界中，现代人骄傲地称之为独特的内向性格”(p. 77-78)。

对现代性提出批评的不止尼采一人，几名主要的现代主义作家跟尼采有同样的想法。艾略特的《荒原》(*The Waste Land*,

1922)一诗,描述的内容与尼采提出的分裂思想不谋而合,他们都看出了客观、无价值的“知识”与现代人性混乱的内心世界之间的分裂。艾略特预见,现代欧洲大陆上,传统价值和社会结构动荡不安。艾略特认为,现代文化激动不安、毫无方向,根本原因就是我们远离了犹太基督教的遗产以及经典欧洲文化价值。艾略特随处可见“裂缝”和“坍塌的大厦”,他用文化和宗教词汇详细描述了这一分离:“紫色雾气中,充满了裂缝、改革、爆裂|坍塌的大厦|耶路撒冷、雅典、亚历山大|维也纳、伦敦|不真实的城市”(Eliot 1977:73)。原本这些伟大的西方城市所代表的是稳固的文化观和精神价值,现在只剩下了无形、随意、混乱、毫无规约的历史力量。《荒原》从风格上重新展现了这种混乱的历史,它夹杂着多种语言、传统、语域,没有任何一种文化能够把它们整合在一起:希腊先知提瑞西阿斯与现代冒牌占星师莎莎翠丝夫人擦肩而过;莎士比亚英语与当代伦敦酒吧里刺耳的声音混杂在一起。诗人向伦敦桥望去,只看到了来往的通勤者,如行尸走肉一般:“伦敦大桥上川流不息的人,如此之多|我没想到他们逃脱了死亡,如此之多”(1977:62)。现代市民“死了”,艾略特这么认为,因为她将资本主义和社会“进步”这些世俗的知识,置于人生的精神和道德维度之上。将世俗理念置于精神需求之上,必然导致一种分裂:面向世界毫无活力的外表,渴望精神救赎被压制的内心世界渐行渐远。无聊的打字员和“长满粉刺的年轻人”之间毫无爱意的交谈,完美地揭示了内心
感受和外部行为之间的分裂:年轻人“自大,无需任何回复|甚 85
至欢迎这种冷漠的态度”(p. 68)。

对于尼采和艾略特来说,内心混乱无序、对外界的冷漠无情,这种分裂产生的原因是我们向无尽的“新事物”屈服,无法

决定各种历史知识的用处(1997c:79)。尼采与艾略特不同的地方,是他提出了治疗现代忧伤的方法。尼采认为,我们不该在复苏的基督道德主义之中寻找解决现代生活问题的答案;基督道德迫使生活屈服于道德法则,这些基于人性的、为弱者利益服务的法则,恰恰是剥夺了古典文化活力的罪魁祸首。现代性所缺乏的,并不是超然的道德法,而是一种审美观,典型代表就是希腊艺术;这种审美观结合了大众和个人生活的利益,将那些满足民族需求的历史力量恰当地融合在了当代审美意识中。

上升和下降

为了让这种新的存在形式继续发展,谱系学家们必须要创造一种历史版本,它能利用过去,并将其转化到当代生活中。所谓“利用”过去,并不是根据现有道德的琐细标准去衡量批判历史;而是对过去重新解释,使它满足现在对最强力(strongest)、最具创造性(creative)的精神的需求。尼采断言,“你若试图重释过去,必须首先充分理解当下的活力”(1997c:94)。从谱系学角度来讲,重释历史的意义是判断我们的价值反映的是上升的(ascending)还是下降的(descending)生命形式:在上升的生命形式中,积极的力量和谐的融入生活之中;下降形式的生命形式则是软弱和堕落的存在方式,完全被过去的价值和偏见主导。由于选择不同历史真理的责任总是伴随着对上升和下降生活方式的区分,尼采认为,这一责任“只能由拥有强大个性的人来承担,因为弱者会被这个任务完全摧毁”(p. 86)。强者承认,“客观”、“公正”这两个概念在历史术语中是相互冲突的价值,因
86 为,从谱系学角度进行历史分析的价值,与列举实证主义事实或一般命题的证明都毫无关系。历史的真实价值在于塑造一个过

去的形状，以便我们可以区分上升或下降的生命形式，并为“伟大的人提供灵感和力量”(p. 111)。

尼采称为“积极的”历史客观性就是对上升的积极的生命力量的肯定(1997c:93)。需要注意的是，他说的“高级人”并不是一个种族概念，虽然后来的纳粹意识形态曲解了这一概念。培养一个“高级人”，我们将在第 5 章讲到，就是要为上升的生命形式选择并赋予连贯性。如果没有高级、积极的概念，尼采认为，我们看到的将会是“以存在和生命为代价，对[存在的]毫无节制的挥霍，使其松散破碎，人生观错位、毫无意义”(p. 112)。他总结说，单纯的承认历史变化，只会得到空洞的相对主义，它不再拥有创造新价值和辨别的能力。相比之下，尼采认为，恰当的历史作用是使人类克服道德性，创造一个超越善与恶的“更高级”生活的图像；尼采伟大政治的思想正是以此为基础。他强调历史“事实”的实用性和创造性，这也属于他隐喻分析的范围，因为历史最终变成了杜撰的故事，它拥有自我意识和创造性；人们用这样的历史来“将大众知识变成闻所未闻的东西”，同时将谱系学家看作是“未来的建筑师”(p. 94)。此外，尼采认为，历史是对过去有意图的重新解读，这种拥有自我意识的历史美学观，事实上揭示了所有历史文本的历史起源——人们总是根据现在的利益和要求认识过去、解释过去——也揭示了它在特定价值和生命形式发展中的作用。一旦认识到了历史“事实”的构成，我们就可以清楚的看到，我们的价值都是占主导地位的社会团体强力意志的产物，包括教堂、贵族或统治阶级。这些价值不再是“自然的”或“永恒的”，他们是暴力、冲突的结果，是不同权威对生命解读之间的竞争。当下，我们的任务是，尼采认为，脱离令人疲乏堕落的犹太基督教存在观，同时创造对未来生命新的解读。尼采在批评道德性和苦行生活时论证了这一观点,我们将在第 5 章讨论。

87 **小　结**

尼采对历史进行了谱系学分析,他主张,强力能够影响历史的解读,而历史的意义正是由这些强力决定的。单一思想或目的不能构成某一历史事件意义的全部;相反,人们对历史的解读决定了某一思想或实践的意义。因为历史是一系列不断变化的价值和解读,历史习俗的意义和功能也将由拥有强力意志的人决定;他们将自己的意愿强加于环境当中,并积极组织活动,宣扬他们对生活的解读。对于尼采来说,学习历史的重要性不是寻找过去永恒不变的历史“事实”;我们需要对历史重新解释,以便我们能够蓬勃的活在当下。

5

善恶的彼岸

本章我们将介绍尼采提出的超越善与恶的“无关道德的”(immoral)哲学思想。尼采在《道德的谱系》中论述了“人”作为道德存在的谱系学观点,目的是证明我们的价值和道德信念,甚至,“道德”本身都是对残酷的暴力行为系统滞后的重新解释。人们用惩罚性的赔偿机制来不断提醒自己负债的记忆和历史意识;记忆本是外在的、暴力的,可这一点逐渐被忘记,取而代之的是内在化了的“良知”,作为拥有自然道德能力的“人”的形象由此诞生了。道德,在这个意义上,仅仅是我们自己编造的,关于自己卑微邪恶的起源的故事。

因此,人类的历史与道德化过程密不可分,这一过程的目的就是要消除起源与暴力残忍的价值系统,从而制造出道德“人”的形象。尼采通过质疑“善”与“恶”这类基础道德概念,对道德化过程提出了批评。这一论断是尼采作品中最受争议的,因为它与尼采的“无关道德”的生活方式息息相关。从童年时代开始,尼采就痴迷于“我们的善恶概念的起源这一问题”(2000:5)。这一问题后来变成了更宽泛的问题:“人在什么情况下发明了
90 善与恶的价值判断?他们本身有什么价值?”(p.5)。我们称为“善”的可对人类有利?它是否鼓励我们表达自己的勇气、创造力、活力,鼓励我们拥抱上升、扩张的生活方式?抑或,“善”只是一种下降的方式,是生命堕落的标志,将我们的经历限制在狭窄过失的道德参数之中,妨碍我们创造价值的能力?万一“好人”心中潜伏着倒退的特性,那“道德本身岂不是万危之危”(p.8)?是否可能存在超越“善”、“恶”对立的人生?那样的生活会是什么样子?

这些棘手的问题试图撼动我们整个宗教和道德遗产的根基。尼采对道德价值的分析,首先从同情和利他主义开始。我们习惯性地认为,同情不幸、考虑他人的利益是善良、高尚的行为。基督伦理与以让-雅克·卢梭为代表的哲学家在这一点上达成了共识,他们认为,道德美德就是爱你的邻居,同情弱者。将他人利益置于自我利益之前是自然善良的品质,或许还能得到无私愉快的回报。然而,尼采对道德价值的批评却质疑了人在行动中对他人同情和自我牺牲的本能(2000:7)。他认为,“对同情的狂热”是人类疲乏的象征,是放弃意志的表现,并不是道德力量的展示。他接着论证,道德美德只有在人类认为无力克服其历史、不能创造新价值时,才与同情和无私联系起来。对道德的重新评估,是弱者战胜强者的结果,尼采称之为“奴隶的道德反叛”。在反叛中,弱者努力培养同情和谦卑这类概念,他们无力采取有效行为,只能将其提升为一种美德。利他主义作为一种绝对的道德美德,同样构成了类似社会民主这类政治运动的基础,尼采将其看作是弱者针对强者和贵族构思出来的

阴谋,强者、贵族们能够施展自己的意愿,将自己的价值强加于世,而弱者却不能。

尼采思考道德利他主义,得到了两个重要启示,对他提出的超越善恶的完美哲学思想至关重要。首先,他认为,同情并不是无私的,里面包含了一个弱小被动的力量,试图让强者向弱者屈 91
服,进而保存堕落的生活方式。因为同情感多少包括对被同情者的鄙夷;这种令人愉悦的优越感使“利他的”个人相信自己比之前更有力量。后殖民主义的评论家认为,西方流传甚广的第三世界国家人民生活困苦的照片——比如饥饿的非洲儿童的图片——并没有任何人类学的意义;展示这些无助的受害人的照片,仅仅是为了证明“我们”能够帮助那些无法自助的人,在帮助的过程中,我们就是道德的强者。在《善恶的彼岸》中,尼采评论道,软弱的本性需要借助一个值得同情的参照物,才能构建自己的身份;这一论断是他无名怨愤(ressentiment)理论的核心。相比之下,贵族本性“不是为了同情而生”,因为它有能力肯定自己的本性(1990a:196)。其次,尼采从奴隶道德提出的道德狂热中,看到了道德价值的历史特性。我们错误地相信同情、利己主义这些概念本质上是好的或坏的;他们的道德解释随后又被主导的社会团体加固,用来证明自己的存在方式。道德产生之前,强力和弱力之间必然有一场权力的争夺。尼采的“无关道德”哲学,试图击败弱者提出的被动“善”、“恶”道德观,开创贵族价值的新纪元。

主人道德与奴隶道德

尼采通过考察习俗和道德的关系,展开了他对无私、利他行为道德优先性的评析。他首先分析了他称之为“人类道德产生之前的阶段”,这时,道德是由当地习俗和传统力量决定的,而不是由现代的善恶观点决定的(1990a:63)。他在《人性的,太人性的》里面讲到,在这样的社会里,“道德”、“正确”意味着遵守“旧时法则或传统”而不是抽象的道德理想(1984:66)。因为传统族群不考虑个人道德自治或意愿,个人是否崇拜某项法则并不重要,只要服从(submitted)就可以了。当时的族群区分有
92 利和有害的行为,“最基本的对立,不是‘利己主义’和‘无私’,而是对传统、法则的依附和无视”(pp. 66-67)。一种行为是对还是错,是由习俗的指导性原则来决定的,而习俗存在的基础就是习惯做法:“卑微的人和文化很难看清真正的因果,因此,他们抱着一种迷信的敬畏,确保一切行为都得到同等对待;尽管某一习俗复杂、苛刻、繁琐,也被保留下来,因为,它看起来很有用”(pp. 67-68)。若被族群赶出来,失去了共同的纽带和义务,在世界上截然独立,并不是进步的象征,而是一种惩罚;的确,“个人”——现代文化孜孜不倦追求的品质——在当时看来,是反叛者,无力承受族群的“集体智慧”(p. 67)。

不过,正是因为传统族群一切以习俗为出发点,他们的弱点也就比较明显,他们“强迫族群里的每一个人”接受“同样的习俗”(1984:67)。这样的强制行为,对强者或“贵族”本性是一种诅咒,而强者因为拥有无尽的力量和创造力,他们存在的目的就是创建自己的法律。尼采在《善恶的彼岸》中主张,贵族社会应该创造“怜悯距离”(pathos of distance),将强弱本性分离开来,并使强力“战胜”之前所有生命形式的道德观:

> 在此之后每次模范“人”的提升都是贵族社会的成果——因此一直会是这样:贵族社会深信等级、身份、人与

> 人之间不同的价值，且认为在某种意义上，需要奴隶的存在。**怜悯距离**产生于不同阶级之间的具体差异之中，产生于统治阶级不断看管、轻视其臣民，不断对其下达命令，并要求其服从的练习之中，统治者不断控制并保持这样的距离；若没有这样的距离，其他更神秘的悲悯之心也不可能产生：灵魂深处对不断加深这种距离的渴望，构建更高、更罕见、更遥远、更紧张、更全面的心理状态，简言之，就是提升模范"人"的高度，不断的"自我提升"，以超道德观谱写道德公式。
>
> （1990a：192）

我们现在已经接近尼采哲学的核心了。贵族社会的最高价值是，它要求人类通过加强自己的力量和权威来战胜"稍弱"的生命形式。道德和利他主义观点——比如基督教、社会主义、现代 93
政治民主的某些形式——都企图消除等级差异，而贵族文化则要加强等级差异。确实，尼采所谓的"权力"就是以强弱本质之间的距离测量的。尼采很享受他的论断所带来的冲击，他说，真正的贵族社会"在一定意义上需要奴隶"。不过，他坚持认为，基于"平等权利"或"大众利益"等道德诉求的社会结构，同样也要使用暴力来达到他们的目的：贵族本性拒绝接受共享的评价和道德价值，因此要对他们给予压制。

贵族等级制度的出现，是战胜以族群习俗为代表的前一道德生活的第一阶段。尼采毫不客气地讲述贵族暴力篡夺权威，这些贵族"猎手"充满"强劲的力量和对权力的渴望"，他们"在弱者、更文明、更平静的商人和畜牧者中间横冲直撞，他们冲击那些温和的文化，这些文化中最后一丝活力，那星星点点的精神之火，抑或是腐败之火，也已经摇摇欲熄了”（1990a：192）。这种贵族人“自以为是价值的终结者”，因为他不需要征求传统或者任何形式的法律的同意：他创造他自己生活的价值（p. 195）。他一心想脱离外界的种种限制，因此他建立了一套“道德价值—差异”，以此显示他比弱者的奴性优越。对存在的“好”与“坏”进行道德区分，更加巩固了这些差异：

> 当一个人有能力以善报善，以恶报恶的时候，他就是“善”的。若他懦弱无力，无法回报别人，他就是“恶”的。作为一个好人，他从善如流，他生活的环境给他社区的感觉，因为所有的人都遵守这项回报的原则。而坏人，则属于“恶”的一方，是卑贱、无力的人群中的一份子，他们没有社区的感觉。好人是一个团结的阶级；坏人则如一盘散沙。善与恶就是高贵与低贱、主人与奴隶的同义词。
>
> （1984：47）

尼采所谓的“好”人，我们在第 3 章提到过，就是有强大力量的贵族人格，能够根据自身的需求来定义价值因此拥有积极的价
94 值观的人。想做到“善”，首先就要拥有统治和控制的能力（包括自我控制和自律）；这一条正是贵族及主人本性的标志。这些贵族本性被赐予坚强的意志力和丰富的活力，他们用自己的形象创建世界。他们因为感受到了自己的能力和创造力，因此自发地将自己视为“善”，视为“贵族”；他们将其他人定位为“恶”、“卑贱”，或者“奴隶”，只是贵族为了将其他人排除在贵族阶级之外而顺带产生的。尼采用“主人道德”形容贵族本性能够独立自主地进行自我肯定的特点，这有别于其他生命形式。

因此,这个概念与大家所熟知的道德概念不同。“常识”意义上的道德是指人类行为与动机的普世观点,与具体的人无关。而道德的真正起源(这是我们所忘记了的),却正是由某一特定的生命形式为表达自己所创造的道德价值。了解像古希腊这样的贵族社会,我们发现“不管在哪里,道德价值的称号都是首先应用于人类,然后才应用于行为”(1990a:195)。“怜悯”、“无私”、不愿受苦等行为和态度都是最近才从高贵或低贱这类基本问题脱离出来,变成道德价值的决定性依据。今天,暴力、残酷和施加痛苦都被认为是无情的,违背基督教义的做法;但是对于贵族文化来说,他们却是更宽泛的人生经济的一部分,是成为更高形式的“人”而必须经历的:

> 要避免互相伤害、使用暴力、互相剥削,使个人意志与他人等同:这在某种意义上可能是个体之间的善举,如果所有的条件都满足的话(比如他们的力量、价值标准相似,且同属一个阶级)。然而,若想进一步展开这一原则,且是可能的话,甚至是**社会基本原则**,马上就会使它原形毕露,变成**否定**生活的意愿,就如同融化和腐坏的原则一样。人们应该把这个问题想透彻,并抵制所有的感情弱点:生命本身**必然**是占有、伤害、推翻怪力弱小、兼并,至少最温和的,也是剥削……
>
> (1990a:193-194)

主人道德战胜低级生命形式的隐性动力,不该被解释成向随机 95
暴力的道歉;恰恰相反,这种动力巩固了贵族生活方式的道德观和审美观。贵族的责任,尼采在《人性的,太人性的》中阐述,就是“使自己成为高贵的人”(1984:66)。这一目标只能由具有贵族特性的个人达成,他“有控制自己的力量,懂得如何讲话,如何保持沉默,享受苛刻严格的训练自己,并崇拜一切严格苛刻的东西”(1990a:196)。贵族的“怜悯距离”号召“灵魂深处不断加宽距离”,因此需要不断战胜自我,完善个性,这些只有具有主人特性的个人才能做到(p. 192)。

“上等人”或贵族人,就可以简单的肯定他拥有过多的权力;阶级和等级的区别的决定因素,就是其他人在多大程度上能够复制自我约束的行为。“下等人”,相比来说,就是那些低俗、奴性的人,没有能力决定自己存在的环境。他的所有价值都是被动的;他们反对贵族价值,却没有能力创建他们自己的世界。结果就是,“下等人”因为怨恨“上等人”而活在无限的愤懑之中。“下等人”无法创造任何东西,他们是次级生命形式,缺乏力量、创造力和自我肯定等贵族品质。奴隶本性善妒、不相信任何“好”的东西,一定要将本能拥有的贵族本性视为愚蠢、狡诈;同时他们还有意培养一些品质(比如同情、谦卑、耐心、勤勉等),这些品质可能会减轻他们存在的负担。

奴隶本性后来发展了一种“人生观”,质疑贵族的权力和优越性,这时,道德历史发生了决定性的变化:奴隶道德出现了。尽管奴隶道德的出现是一次革命事件,尼采认为,这也是一次致命的破坏性行为,对人类的生存状态产生了灾难性的后果。原因是,奴隶道德是以无能的姿态出现的,它所做的只是盲目的反对贵族道德,而不是创造性的表达一种新的人生观。奴隶道德像寄生虫一样依附于贵族价值,它把“好”与“坏”的道德对立重新评估,包装成“善”与“恶”。奴隶本性无法从力量上战胜道德;
96 那么,它就先把敌人定义为“恶”,这样他就可以把自己的弱点定义为“善”。

尼采认为,现代历史学家和心理学家从根本上误解了道德思想的进化过程。他们认为,最开始,利他和无私行为得到受益者的推崇;后来道德思想的这一起源被遗忘,因为人们开始根据他们的传统名誉评价某些行为,以至于最后,一些行为直接被定义成是善举(2000:12)。但是这样的历史观只能是贵族价值衰落的后果。因为,对“善”的判断,最初并不是那些受益于善举的人做出的;“善”源自区分高级与低级生存方式的怜悯距离。奴隶要进行道德反叛,才能将同情、谦卑、耐心这些特性标记为“善”,同时,他们谴责权力、扩张性和生理活力这些贵族特性,认为他们对国家有害。与贵族体制的精英秩序相反,奴隶道德认为人类具有群居本能,弱者本能的集中起来对抗贵族精神的权威(p. 13)。弱者对强者的挑战取决于“利己”和“利他”动力的道德区分——前者现在被认为是“恶”,后者是“善”——这样的道德区分在贵族文化里没有任何意义,在贵族文化里,个体不断积累、增强力量和精力,存在的意义就是自然自发地表达这样的意愿。

无名怨愤

尼采认为,奴隶激进的挣脱贵族价值,进行道德反叛,这是由无名怨愤心理决定的。弱小个体的生活中充斥着无能为力的无奈感,无法用有效的行为表达自己的意愿。为了补偿这种缺陷,奴隶本性对贵族和更高生活进行着“想象中的报复”(2000:21)。贵族价值源于高贵灵魂自我满足的体验,而奴隶生活创造的道德观,只是向它之外的所有事物说“不”。因为奴隶个体无法肯定他自己的生活和价值,它必须将道德判断的“评价目光”投向

敌对或更高级的世界中去(p. 21)。无名怨愤是一场运动,低级
97 生命形式厌恶高级形式,并开始创造自己的道德系统和世界观。奴隶道德是一种退缩的道德形式,它只能通过先创建一个压制弱者的"对立的、外在的世界",才能建立自己的存在观。如无名怨愤所表现的一样,奴隶道德"需要,从生理学上讲,外部刺激来激发它的行动——它的行为基本上都是被动的反应"(p. 22)。贵族精神首先肯定自己的权力,然后将周围世界与之不同之处都做了标记,通过这样的方式创造了怜悯距离。而奴隶道德则需要先创造"恶"势力的形象,然后才将自己定义为"善"的道德主体。这种需要也许可以解释为什么我们一直痴迷于反面形象和恶势力的艺术形象:比如科幻电影中的入侵者和悲剧中埃古[1]之类的角色。我们在恶势力面前退缩了,这种放弃权力的行为,使我们创造了一个"我们"的道德形象,与肆意妄为的恶势力针锋相对。

弱势力总是试图强迫生命遵循一套宽泛抽象的价值系统,尼采在他的每一次尝试中都能找到无名怨愤的痕迹。他在《反基督者》中提到,不公正"从来不是因为不平等的权利(right)导致的,而是因为宣扬'平等'权利导致的"(1990b:191)。尼采反对任何道德或政治对平等的倡导(比如包含在社会主义、女权主义、民主思潮等思想之中的平等意识),因为个人权利不能由标准法则来定义,而应该"由他自己的本性所决定"(p. 191)。同样,他也谴责基督教义和反犹太教义,认为他们是由"软弱、嫉妒、报复"发展而来。他对基督教尤其嗤之以鼻,原因是它否定了"所有代表上升生命运动的东西,坚实的架构、力量、美、自我肯定",以便"创造另外一个世界,在这个世界里,对生活的肯

1 莎士比亚悲剧《奥赛罗》中的反面人物。——译者注

定将表现为邪恶，且因此该受谴责”(pp. 146-147)。基督教不仅是无名怨愤的一种形式；它还是无名怨愤的最高级形式，它对“地面上所有突起的东西都要反对一通”(p. 169)。生命“本能地要求生长、持续、积累力量”；尼采说，“强力意志一旦不坚强，生命就会堕落”(p. 129)。从这个背景来看，基督教义代表的不但是无名怨愤，也是历史堕落：

> 不该粉饰基督教义：它发动了一场**战争**，要致**高级**人于 98
> **死地**，它消灭了高级人所有的基本本能，却唯独留下了邪恶，魔鬼撒旦——高级人现在备受谴责，成了“弃儿”。基督教义站在弱小、卑贱、脆弱者的一边，与强势生命**对立**，并以此为追求；它甚至通过教导人类将智力这一最高价值看成是罪恶、误导、**诱惑**，聪明人的理性就这样被败坏了。
>
> (1990b:129)

尽管自从启蒙运动之后也有针对基督教义发起的挑战，比如思想家伏尔泰(1694—1778)就指出宗教欺哄大众，制造快乐假象的种种做法，尼采的思想却又与此不同。尼采将基督教义解释成无名怨愤，这不仅揭示出宗教的本质是虚无的幻觉；而且分析了乐于接受这一幻觉之人的意愿与欲望。无名怨愤这一精神乐于在外部法则面前自降身份，以便保持一个软弱的状态。

尼采对无名怨愤的分析对公正这一概念的历史起源的研究也有重大意义。某些政见所共有的偏见——尼采确指“无政府主义者”和“反犹分子”——就是以“公正”的名义制裁报复行为，好像公正“是人受了委屈之后自然会得到的结果一样”(2000:52)。尼采提出了公正起源的另一个解释，并对公正源于无名怨愤这一被动的解释提出了质疑。尼采认为,公平是从“真正主动的情感,比如对权力、财产等的渴求”发展而来的(p.5)。他进一步扩展了这一思想,并在经济和军事调解的形式里找到了公正的起源。对于贵族本性来说,尼采认为,公正与报复、公平、权利等利他主义概念毫无相干;公正只不过是在大体平等但对立的贵族权力之间的交换方式。当双方军事实力相当,对冲突没有明显的解决方式的时候,流血冲突就被转换成了对等的商品交换。因此,公正“最初的特征”是商品贸易、协商、交换,而不是抽象的平等思想(1984:64)。

99 > 从历史角度来讲,公正代表着……反对**被动**怨恨,由主动、激进力量发动的战争。积极的力量不断的壮大自己,以便阻止被动悲悯的传播,将它限制在一定范围内,并强制其妥协。在实施公正思想的地方,强力都在寻找方法了结下等人(组织或个人)的**无名怨愤**,有的通过消除报复者的**怨愤**心理,有的通过将他们报复的矛头转向破坏和平秩序的敌人,有的通过补偿、建议和强制执行,有的通过把补偿罪过的对等物固化成标准,从此以后,这个标准就是**无名怨愤**要顾及考虑的内容了。
>
> (2000:53)

为了阻止无名怨愤在道德和政治思想里立足,标准化最有力度的做法就是建立法律和司法系统(2000:54)。第3章曾讲到,法律反对公正站在受害者的立场解释所有行为。因此,从历史的角度来看,探讨某种行为本质上是“公正的”或“不公正的”,根本就空洞无意义;这些词语只有在司法系统建立之后才变得有意义。然而,公正这一概念源自强者为抵抗弱者的无名怨愤而建立的系统这一事实,这并不意味着,它代表了人类发展最高级的阶段。从贵族人性来看,司法的状态“仅仅是常态之外的状态,因为它限制生命的真实意愿,使其在权力面前低头,且它也只是从属于生命最高目标的一个途径:即,取得更大权力的途径”(p. 54)。真正的贵族精神存在于任何固有的善恶理想之外,并对琐事和个人伤害不屑一顾。这种“在公正面前自我崇高”的思想,是“最有权力的人的特权,也是他得以凌驾于法律之上的方法”(p. 52)。

自由意志和道德主体

贵族精神将公正回归其本真,即公正是贵族存在的自然表
达。尼采描绘了一个著名的角色,“金发野兽”(blond beast),用 100
以代表贵族们拥有的旺盛精力。这只野兽不受“社会制约”的控制,行动自由,它“贪婪地爬行,四处寻找胜利和战利品”(2000:25)。它摒弃奴隶道德中的同情和施舍;它活在善恶观念、对人性的任何一种道德解释之外。尼采这里用的“金发”并不暗指某一特定的种族概念——这只野兽的血统来自“罗马、阿拉伯、德国、日本贵族,荷马英雄、斯堪的纳维亚海盗”——而是指力量和转变中激进的元素(p. 25)。金发野兽过着积极肯定的生活,它以扩张和夺取的名义不断挑战传统习俗的道德性。因此,尼采认为,把这只野兽驯化成“顺从、文明的动物”符合奴隶本性的利益,这样它就可以成为“文化工具”,而软弱也就顺势变成了“人”的标准特性(p. 26)。这一转变的过程还伴随着奴隶道德的两个创新:“自由意志”的诞生和虚构出来地具有道德责任的“主体”。在无关道德的力量方面,弱者无法与贵族抗衡,

他们就宣称,强者要对他们的自由意志行为负责,以此期待强者改变行为方式。一旦奴隶道德找到了要为某一行为负责的主体,那行为本身可以解释为是道德决定的结果。“善”被重新定义了,用道德术语讲,善被解释成了对弱者有益的自我约束,而这时,对价值的重新评估也完成了。尼采不无讽刺地回应了这一观点:

> 一份力量就是一份动力、意愿、行动,实际上它也仅仅就是这个动力、意愿和行动,只是语言的误导(以及被语言僵化了的漏洞百出的推理),才会使人错误的认为所有的行动都要有一个代理人,一个“主体”。普通人将闪电和光分开,并把后者称为**事件**,是由主体施行的,这个主体就是闪电;同理,大众道德将力量与力量的展现分离开来,好像强者背后有个无关紧要的实体,使强者能够**自由**选择是否展现他的力量。但是,事实上并没有这样一个实体:并没有什么东西存在于事件的背后;“施动者”只是事后发明的……
>
> (2000:28)

101 自由意志和道德责任主体这两项创造,使软弱和无能被肯定为积极的道德美德。现在,无力决定自己的价值、推翻陈旧的社会结构,这反而成了一种善。道德是从弱者的角度判断的。尼采说,自我牺牲、摒弃世俗等教条只不过是狡猾的圈套,因为它实际上是弱者将其意愿和价值强加于世界的手段。奴隶人“需要相信存在‘毫无偏见’的主体,他能够自由选择,因为他拥有自我保护、自我肯定的本能,在他这里所有的谎言都要被制裁”

(2000:29)。尼采在他对禁欲主义价值的批评分析中,进一步阐释了弱者对道德思想的重新评估。

禁欲主义价值

从历史学角度来讲,尼采认为,奴隶的道德反叛主要是神职人员的等级(神父)和"犹太人"逼迫的。犹太人在这一叙述中占重要地位,因为他们既受神父控制,又受敌对政治势力压迫。犹太人想改善自己的境况,只能通过对道德价值进行"激进的重新评估",他们把自己被排除于政治权威之外,解释成为精神纯洁和强大力量的前提(2000:19)。"禁欲主义理想"一词,指的就是自我否定,将精神价值置于自我壮大和世俗烦恼之上。奴性价值重新评估的基础,就是贵族头衔或"善",得以转化为心理和道德上的优越性:

> 是反对贵族价值等式(好 = 高贵 = 权力 = 幸福 = 被保佑)的犹太人冒险提出要逆转这一等式,他们咬牙切齿(弱者的恨)地说,"只有那些受苦的人才是善的,只有那些穷人、弱者、卑贱的人才是善的;那些受罪的、受剥削的、病的、丑的,才是虔诚的人,才能被拯救,上帝只会救赎他们;而你们富人、贵族、有权有势的,你们邪恶、残忍、贪婪、不知足、不信神,你们也将永远受到诅咒和谴责!"
>
> (2000:19)

尼采的道德历史谱系论证了禁欲主义价值的优点和弱点。他首 102
先注意到,禁欲主义者宣称为了使灵魂升天,他们摒弃世俗生活,其实不过是口是心非。禁欲主义不仅没有摒弃权力和世俗权威,而且使用了最有效的技巧来将它对生活的解释强加于世。自我否定的意愿,说到底,也是一种意愿的表达。禁欲主义引进了一种新的生命经济学(economy of life),于其中,狡诈、自我意识、先验的“灵魂”思想,都优先于力量、活力、冲动和感官享受。禁欲主义者认为,迄今为止,人类一直被错误的生活观所折磨,我们只有接受禁欲主义的“存在价值观”才能解救自己(2000:90)。因此,降低感官享受、生成、外表等,不仅仅是崇拜精神真理的前奏,也是强力意志的展示,禁欲主义者这样做,“本能的争取对他最有利的境况,使他充分释放他的力量,达到对权力最大的满足感”(p. 81)。

然而,尼采对奴隶道德反叛的批评并不十分明确。不管其缺点是什么,禁欲主义带给人们一种新的自我构建方式,且提供了一种新的人生解读。他反对“熟悉的视角和价值”,这使我们能够体验到新的想法和感受,并能够“利用视角的差异,对知识进行不同的解释”(2000:92)。由此诞生的人类“灵魂”和“邪恶”思想,也给人类增加了深度,并给任何一个道德决定增添了风险性。“人”,现在区别于自然界的其他事物,因为他是有意思的动物(interesting animal)(p. 18)。禁欲主义理想的矛盾在于,他制造了一种反生活的生活方式——因为它系统地压制贵族本性的冲动力量——它也“起源于堕落生活那种保护式、疗伤式的本能,它用一切方法维护自己,挣扎着生存”(p. 93)。贵族价值的衰落意味着为了生存而忍受的痛苦挣扎失去了意义。禁欲主义填补了这一空白,“给人类提供了一种意义”(p. 127)。禁欲主义认为没有得到神圣救赎的人生是毫无意义的,正是这一真理给了生活以意义。对痛苦的意义重新进行价值评估,消除了人类“自我毁灭的虚无主义”感,或者人生毫无价值的信念

(p. 127)。教士阶级有一个“历史任务”:弱者通常将他们的不幸,归罪于其他人(强者和健康人)身上,现在教士们要引导弱 103
者内化痛苦,并根据内疚和原罪的教义解释这些痛苦(p. 98)。现在,我们每个人都要为自己的痛苦负责,但是如果我们用禁欲主义解释存在(且服从于教士权威),那么我们仍有可能在将来被救赎。

尼采虽然承认禁欲主义理想有它的积极作用,比如延缓生活堕落,使人类免于陷入虚无主义;但他也坚持认为,禁欲主义代表的生活方式必须被摒弃。禁欲主义的弱点在于它对被动反应的依赖——它需要它之外的一种存在形式(“上帝”或“灵魂”)来定义自己——以便创造和肯定价值。现在“好”代表着我们要放弃自己的意愿和本能,且要使自己服从于别人的思想。这一重新评估意味着,弱者可以用神圣“公正”的雄辩术来压制健康、高贵的灵魂,无视那制造强力本性的怜悯距离。禁欲主义的“道德观”强调了这一逆转,它把对神圣审判的恐惧,转化成为我们主动的活力,并给生活强加了宗教意义(2000:109)。禁欲主义用这种方法利用“受苦者的恶本能,使他们自我规约、自我监督、自我克服”(p. 100)。然而,这样的自我克服剥夺了人类决定自己价值的机会,因为,禁欲主义理想“解读时代、民族、人的时候,只参照这一目标,它不允许任何其他解释、其他目标的存在,而且只用它自己的解读来反对、否定、肯定及确认”(p. 116)。

尼采给自己提出了一项哲学任务,他要给人类提供一个超越禁欲主义价值所施行的“意愿、目标、解释这一封闭系统”的途径(2000:116)。这是项必须执行的任务,因为禁欲主义,虽然使人类免于陷入虚无主义的痛苦挣扎之中,它最终还是会催生一种新形式的虚无主义。尽管它“憎恨人类”,怀有对“感觉的恐惧”,禁欲主义最初提出了追求虚无的意愿,以及对存在的新的解读(p. 128)。然而,后来一个新的追求真理的意愿战胜了禁欲主义的解读,这个新的意愿否定任何一个宗教和先验价值的权威。颇具讽刺意味的是,追求真理的意愿实际是从禁欲主义衍生而来,一开始是作为“基督教良知”,后来发展成为经
104 科学方法验证的“客观真理”。尼采在《快乐的科学》中解释道,“你看的正是胜过基督教上帝的东西”,“基督道德本身,曾被严格理解的真理概念,神父对“基督教良知”的精练,都被转化驯服成了科学道德,成了纯净的知识,不管付出什么代价”(1974:307)。查尔斯·达尔文(Charles Darwin,1809—1882)和弗洛伊德认为,科学真理就是反对宗教假设,尼采与他们的想法不同,他认为理想的科学真理是基督意愿的延伸。科学道德,他《道德的谱系》里宣称,是“一场因祸得福的灾难,两千年多年来,基督教一直禁止谈论信奉上帝所预设的谎言”,而现在终于可以追求真理了(2000:114)。基督道德本身追求真理的意志战胜了禁欲主义价值,因此产生了现代生活的虚无主义:

> 所有伟大的事情都通过自我崇高这一行为实现涅槃:这就是生命的法则,以生命为本质的**必须**“自我克服”法则……以这种方式,作为**教条**的基督教被他自己的道德性毁灭了,同样,基督教的**道德性**也将毁灭——我们正站在**这个**事件的门槛上。基督真理得出一个又一个结论,最终,它会得到一个**最强的结论**,那就是**反对**它自己……
>
> (2000:126-127)

虚无主义

理解尼采的“虚无主义”所代表的含义非常重要,有两个原

因。首先,这是他在验证价值和批评道德性中用到的核心概念。其次,“虚无主义”逐渐从尼采哲学中分离出来,变成了对尼采作品的整体描述。如今尼采是作为一名“虚无主义”思想家被介绍给读者的,这里的虚无主义是指轻视历史传统,以及反对任何一种道德观点。这一观点虽然取材于尼采对道德和现代政治的批评,它同时也消除了这一批评的历史特定性,忽视了它对政治本质的思考。若要正确理解尼采的虚无主义,我们需要了解
这一概念的双重特性:它既是对奴隶道之德影响的历史诊断,也 105
是向新时代贵族价值过渡的运动。

尼采在区分主动和被动虚无主义时,再次强调了作为历史批评和新生活方式之预兆的虚无主义的这一双重性。他用“被动虚无主义”来描述道德堕落的生活、奴隶道德创造的无名怨愤,以及贵族价值的衰败。在《强力意志》(*The Will to Power*)一书中,尼采讲到,被动虚无主义代表的是“我们伟大的价值和理想最有逻辑性的结论”——这里“伟大”是在嘲讽基督道德和禁欲主义理想(1968:4)。这个结论的得出,是因为现代科学宣扬的实证主义“真理”将神学贬低为神话幻觉,且认为软弱、谦逊、禁欲主义会被道德救赎的世界根本不存在。基督道德观中,那个只能被精神的先验生命救赎的堕落世界,是人类的发明,尼采以为,这一发明的目的是防止人们看清事实,“生成本无目标,生成的背后亦无宏伟的整体,使个体可以作为最高价值的一个元素,完全沉浸其中”(p. 13)。但是,科学揭开了这一观点的真实面目,它就是捏造出来满足“心理需求”的幻象,人们再也无法得到先验世界的安慰,同时又对自己存在的价值缺乏任何信念。这就是被动虚无主义的意义:人类的“最高”理想贬低自己,又无法创造取代其位置的新价值:

> 到底发生了什么？价值贫乏感源自于人们意识到存在的整体特性可能无法通过“目标”、“一致性”、“真理”这些概念来解释。存在既无目标也无尽头；多数事件都缺乏综合的一致性：存在的特性不是“真”，而是**假**。人没有理由说服自己存在一个**真的**世界。简言之：“目标”、“一致性”、“存在”这些我们投放到世界里的价值标签，我们又把它们**收回来**了；导致世界看起来**毫无价值**。
>
> (1968:13)

尼采从虚无主义得到了一个令人震惊的结论。如果我们确实要放弃高级世界里的信念，我们必须接受这一事实，既“任何信念，任何以为是对的东西，实际都是假的，因为本来就没有真实世界”(1986:14)。我们所知的世界不过是一个不断生成的过
106 程，在这一过程中不同形式的生活不断繁衍。因此，相信我们可以“真实的”面对世界，或者用道德来评价世界的想法都是错的，“真理”、“一致性”、“生活目标”这些概念都是我们强加于世的价值，目的是使我们的经历连贯且有意义。“真实的”经历，在这个意义上，与我们的真理意志和强力意志密不可分：

> “真理”并不在那儿，无法被找到——它是必须被创造出来的，它赋予过程一个名字，或者赋予意愿一个名字，来战胜它本身的无穷性——真理是**无限的过程**，人们决定真理的主动性——真理本身并无生成意识，无法自我肯定。它是“强力意志”的标签。
>
> (1968:298)

我们创造出来的所谓真实的经历，是通过“积极的确定”生成过程，把它变成现实的一个版本，而这个版本在“现实世界”根本无法找到。因为视角不同，我们所决定的每一个版本的世界也就不同；只有通过选择某一特定视角，并创造一个“更狭义的、更简要的世界”，我们的经历才能获得意义（1968：15）。尼采认为，力量之强弱，取决于“我们在多大程度上能够对自己坦诚，同时又不会毁灭世界的表象，以及我们将价值强加于世的基础作用”。强调我们的经历具有视角性和创造性，这样的自我意识有一个潜力：它可能将虚无主义对无真理世界的无情揭示转化成一个积极有回报的事件。因为，弱者看到虚无世界的面目，他们只会感到价值贫乏，怅然若失，而强者承认经历的表象，这样他们就可以创造一个历史版本，使他们可以更好的生活，并根据自己的需要改变世界。这就是*主动的*虚无主义。它是一种存在方式，它接受我们在构建“真实”世界里所起到的创造性作用，承认暴力和力量对促进强力的、上升的生活方式的作用。因此，主动的虚无主义是“人”在自我克服过程中的一个核心阶段，很有可能也是一种“*神圣的思考方式*”（p. 15）。

有两个文学的例子可以很好的解释尼采对*无名怨愤*、创建真理和主动虚无主义的思考。威廉·布雷克的预言作品《天堂 107
与地狱的婚姻》（*The Marriage of Heaven and Hell*，1790）预示了尼采的思想，布雷克认为，创造生活和驱动生活的动力是力量、挣扎、争议及能量的激进表达，而不是统一的世界观。实际上，对立事物之间不停的战争，当它被僵化成带有宗教色彩、否定生活的善与恶时，道德性只是残留的一点东西：

没有对立就没有进步。吸引及排斥,理性及能力,爱与恨,都是人类存在所必需的。

从这些对立之中,产生了宗教称之为**善**与**恶**的概念。善是服从理性,是被动;恶是源于能量,是主动。

善是天堂;恶是地狱。

(Blake 1989:105)

布雷克从两方面反对把被动的能力和意愿限制成固定的道德对立。他使用神秘莫测又看起来自相矛盾的谚语——“宁可扼杀摇篮中的婴儿,也不要滋长欲望”——使读者面对解读的问题,并证明“真理”是我们强加于世的单一视角,并不是人人共享的客观事实。尼采后来用谚语也是出于同样的目的。同时,布雷克认为神父(他们声称可以通过将身体和灵魂、人和神分开这种方式来揭示存在的意义)与先知诗人(他们积极地用意志力和想象力创造价值)不同,这一区别意味着“道德”思想诞生于我们忘记人类可以赋予世界以意义的时刻:

古代诗人借助诸神和精灵赋予可感知万物以灵性,直呼其名,并以森林、河流、山脉、湖泊、城市、国家,所有感官可感知的事物之特性来美化他们。

他们研究每个城市与国家的特质,将其置于精神的神性之中。

直到一个系统建立起来,被某些人利用,通过从万物中提取精神神性而奴役了平民:因此产生了教士阶级,他们从
108 诗歌故事中选择膜拜上帝的方式。

最后,他们宣传,这是上帝的旨意。

因此人们忘记了,所有的神性都源于人的胸中。

(Blake 1989:111)

布雷克的创造神话(creation myth)认为,是人给予了世界生命及意义。诗人们想象力丰富,活力十足,他们将这些特质以“神”或精灵的形式抒发出来,使他们代表不同的生活品质。比如,阿佛洛狄忒,爱与美之女神,或者马尔斯,战神。诗人也给世界命名,以此带来秩序和连续性。大地被赋予特征、形式,以便人们可以感知它的流动和结构,如“森林、河流、山脉、湖泊、城市、国家”。然而,积极肯定的创造世界却被“神父们”压制了,他们将存在的某些属性,比如“爱”或“力量”转化成所有生命必须遵守的道德品质。“神父们”的历史使命就是为存在提供一个统一的道德解读;对人生重新解读强迫弱者将他们的想象力置于固化的道德法律之下。布雷克认为,最终,教士逆转因果,得到了一个结论:诸神自以为是世界的创造者,而不仅仅是诗歌启发性的表达,这时,人类具有想象力这一神圣本性就被遗忘了。

阿尔及利亚作家阿尔贝·加缪的小说《局外人》(*The Outsider*, 1942)也借用小说主人公,年轻的法籍阿尔及利亚人默尔索的故事,赞颂了主动的虚无主义。默尔索反对墨守成规,并为自己打造了一个身份。他与周围的“人性”或“道德”情感格格不入:他母亲去世,他无半点悲伤,他对待身边的女人冷漠无情,甚至对工作的成绩也无动于衷。小说的核心部分,一个年轻阿拉伯人与邻居发生了暴力冲突,默尔索就开枪打死了他。在审判和监禁期间,他拒绝为自己“辩护”,拒绝使用当代社会的“道德”语言,也不去寻求通向更高世界的救赎。他没有反驳审判官,只是重复了他的裁决,说“我没有灵魂,不通人性,也没有任何可以保护人心的道德原则”(2000:98)。默尔索拒绝为自己辩护,因为他相信,人们应该坦诚地为自己的行为负责,而不是藏在抽象空洞的道德密码背后,这是人性唯一的道德标准。我们体验的
109 “价值”就是肯定自己的行为。默尔索的为人,使他犯下谋杀罪;若试图为他的行为寻求开脱的借口,则是把他变成另外的人了。世界对我们来讲是客观的;我们既然使它有了意义,就必须要接受我们在世界当中所扮演的角色而带来的后果。作者认为,这至少比社会的道德堕落好得多;在道德堕落的社会里,神父一边让谋杀者赎罪,一边为他们准备绞刑台。默尔索与基督道德背道而驰,使他得到最后一刻的自我肯定:

> 如此接近死神,母亲一定感到了自由,并准备好重新再活一次。没有人,任何人都没有权利为她悲伤。我也准备好了再活一次。好像这爆发出来的愤怒驱走了我所有的病痛、也熄灭了我所有的希望,我抬头看那夜空中的群星,头一次向这慈祥冷漠的世界敞开胸怀。我发现它与我自己如此相似,像兄弟一般,我突然意识到我曾经幸福,当时仍是幸福的。为了最后的圆满结局,也为了我不再感到那么孤独,我最后的愿望是,我行刑时,要有一群人观刑,而且要他们用怨恨的哭喊来向我致敬。
>
> (2000:117)

尼采的主动虚无主义却与消沉厌世无关。它代表的是与基督道德的决裂,这一决裂虽然后果严重,却是必须的,是“富有成果的伟大人性运动”的必要条件(1968:69)。尼采认为,“它或许是向新的存在方式转变的必要成长,以便乐观主义的极端形式,

真实的虚无主义,可以应运而生”。尼采在人与世界的关系之间挑起了危机,但是这一危机的价值就是它促进了强者和弱者之间的分离,并推出了“等级”,新的贵族社会就可能由此产生了(p. 38)。只有那些像尼采一样经历了这一危机的人,才能有足够的意志力抵抗真实世界的幻象和对存在的道德解释。因此,尼采提出的贵族或“伟大”(grand)政治的概念,作为一种生活方式,能够战胜虚无主义,而体验虚无主义这一道德危机是新政治诞生不可分割的必要转折点。

伟大政治 110

尼采所描述的 19 世纪末的欧洲盛行虚无主义文化,没有资源和自信能够战胜基督道德,根据自己的强力意志行事。导致这一衰落的原因有很多,包括奴隶道德的胜利,充满同情和无名怨愤的政治;对有损贵族阶级制度的政治民主和平等权利的呼声;以及坚信能够创造新价值的、伪科学的“客观事实”和“纯客观知识”(1990a:137)。尼采在《善恶的彼岸》中对这一情况做了回应,他要通过建立一个新的精英“阶级”,来净化欧洲“意志”(p. 138)。这一精英文化的作用是消除基督道德的“人”的形象,并将世界打造成他自己的形象。尼采宣称:“狭隘政治的时代已经过去了,接下来的一个世纪将会是争夺主动的时代——伟大政治的强制时代”(p. 138)。

只有精英文化才能对人类进行重新评价,因为对“模范人”的“提升”,“一直就是贵族社会的职责”(1990a:192)。尼采的伟大政治坚持认为,“贵族”本身就是一个社会的“意义和最高理由”,因为它代表的是人类最发达的“生命形式”(p. 193)。“贵族”一词既指社会精英阶级,也指只有最强的个人才能维系的自我完善。尼采认为,社会衰落的标志就是贵族不再体现出高级性,而堕落成一种功能(比如君主立宪制)。反之,健康社会等级分明,可以创造出“高级人种”(p. 193)。伟大政治的目的就是制造高级“人”,并“培育出欧洲的统治阶级”(p. 183)。暴力、力量、接受别人的痛苦,这些都是伟大政治的发展不可或缺的因素;人类要想战胜自己,就断不能“向任何幻象屈服:真理确实难以接受”(p. 192)。贵族政治“颇具良心”的接受“无数人的牺牲,这些人为了贵族不得不被压制,被贬低成有缺陷的人,变成奴隶和工具”(p. 193)。凡是信奉等级和头衔,建立了贵族怜悯距离的社会,都需要奴隶和奴隶阶级来扩展自己。

111 尼采明确地表示,暴力和控制既是贵族社会健康发展也是建立“高级人”的基础(1990a:193)。贵族社会“在某种意义上”需要奴隶,因为主人和奴隶之间的怜悯距离创造出“更高、更少见、更遥远、更紧张、更全面的状态”,也创造出一种“人”,他能够战胜道德,生活在善恶之外(p. 192)。只有这种高级类型的人,才能忍受“伟大”的负担,他要严格自律,不断地将软弱转化成力量。另外,“伟大”这一概念要求我们重新用美学术语来定义自己,以此来追寻自我完善的生活方式:

> “现代思想”将每个人都逼到一个角落,使他不得不“专业化”,在这样的世界里,哲学家,假设现在还有哲学家的话,将被迫看到人类的伟大之处,在他的广阔性和多样性中,在他具有差异性的整体中,看到“伟大”的概念:他甚至会决定价值和等级,依据就是人可以忍受多少负担,承担多少责任。
>
> (1990a:143)

尼采认为，他所预见的能够接受伟大政治的生活方式，代表人物主要就是像他自己一样的新哲学家（1990a:126）。“新”哲学家是一个典型的例子，因为现代哲学的角色，就是将个人意义以问题的形式抛出来，这个问题将有可能挑战对人生的道德解释。他反对永恒不变的基础价值观，认为将来“人”即是“他的意志”，使他准备好“在纪律和培养方面做更大的事业和集体实验，以便终结那一直被称作历史的机会主义以及荒谬之事的可怕控制”（p. 126）。新哲学家让人类准备好战胜自己，因为“他只消瞧上一眼，就理解了人类可以被培养出来的全部品质，前提是给予他们足够的力量和任务”（p. 127）。这样的准备工作对“人”要求甚高：它“要求人能够创造价值”（p. 142）。人以哲学家为榜样，学着创造价值，对于哲学家来说，自我约束、自我提高 112
就是生命的法则，在狭隘和堕落的年代，他们拥有“使人类整体进化的良知”（p. 86）。

尼采激烈地论述了选择性“育种”、社会剥削、“高级人”等的道德必要性，难怪他的名字经常跟20世纪最可怕的一些历史事件联系在一起。尼采显然蔑视反犹太主义和对“祖国”奴性的崇拜，说明他的思想并不是大众普遍认为的纳粹主义原型，不过，他坚信奴隶阶级的必要性，另外，他为贵族阶级自我约束和对弱者的必要剥削之间设定的道德界限含糊不清，因此别人对他的思想有所误解，他自己也难逃其咎。然而，仔细阅读他的作品会发现，他所说的“育种”并不是生物学概念，也不特指现存的主人种族。有人说尼采直面虚无主义语言——基于生活的语言——并通过对“育种”、“选择”及“贵族”等想象，将它转化成新的、积极的、美学的词汇。

为了理解尼采政治的复杂性，有两点必须要在此强调一下。

首先,尼采对社会民主和平等权利的批评,并不等同于贵族阶级的胜利。相反,他认为个人主义政治是群体直觉的特征,因为个人主义思想的本质是强调所有个人都同等重要。尼采的贵族政治认为,“某人认为正确的,别人没有理由认为正确,因此要求建立适用于所有人的一个道德,恰恰是对高级人不利的,简言之,人与人之间有等级区分,因此道德与道德之间也有区分”(1990a:158)。贵族等级的标志是它将生活当做是强力意志,并认为政治区分了高级和低级生命形式。尼采的贵族政治反对将“人”置于抽象笼统的概念之下;这就解释了他为何鄙视“愚蠢的国家主义”、“爱国主义,以及各种过时情感的浪潮”(pp. 188,
113 171)。其次,尽管他区分了社会民主的奴役性和贵族政治必要的独裁统治,他认为贵族独裁是社会民主残暴本性的必然历史后果。他认为,政治民主包含了下等人和奴隶个体推翻贵族价值的残暴本性。它的遗产就是“使人变得平庸”及提高“群体动物”的地位(p. 173)。然而,欧洲民主化的持续影响是创造了一种需要主人的“奴隶人”和随时准备剥削弱者,表达自己的强力意志的“强者”。因此,尼采并不认为伟大政治就是简单地向弱者施加暴力,而是用宣扬上升生活方式价值的专政取代其他专政形式。

尼采的“伟大政治”有优点也有弱点。尼采贵族观的一个主要优点就是,它拒绝接受用经济定义个人价值,同时反对实用主义观点,该观点认为将无限幸福提供给无限的大众即是价值。针对个人自主解放的需求和集体主义政治的解放主张,尼采提出了一个问题:什么是“个人主义”,它是为谁服务的?尼采认为,个人主义是一种实践,而不仅是政治论据,通过培养它的强力意志创造价值。将价值与力量和意志联系起来,使尼采能够辨认出平等主义政治中，强力意志可能的后退性，也使他看到了绝对平等的目标所隐含的暴力。价值和强力意志不可分割这一根本观点，使尼采呈现给大众一个具有创造性、动态的过去和现在的关系；也让我们关注那些使我们积极的活在当下和未来的历史事件。现在，历史价值是由选择和复制我们最强的、最具创造性的能力所决定的。我们后面会读到，尼采在他的永恒轮回理论中创造了“伟大”或者高级生活与强力意志之间的联系。

然而，尼采的伟大政治后来也留下了令人不安的问题。是否可能通过道德训话“超越”道德（或善恶）？换言之，为什么我们要追随尼采？在多大程度上政治可以不再对我们提出道德要求（Ansell-Pearon 1994：154）？我们如何将尼采的无关道德的统治政治与自我培养、自我约束联系起来，两者之间又是以什么作为转化的标志？新的贵族哲学家是否能形成一个团体？尼采探讨“超人”时，这些问题时常会出现，这个先知人物“补偿、救赎人类，并使我们保持对人类的信心”（2000：27）。下一章我们将探讨这一问题。

114 ## 小　结

尼采总是把道德价值的问题与他对我们道德价值的历史特性的想法联系起来。他认为，“善”、“恶”的二元对立是对人生的道德思考，并不反映“人的价值”；它代表的是道德产生之前对贵族本性和奴隶本性差异的历史解释。道德不是一成不变的人类本质；它是一种特定的生活视角，旨在提高弱者和奴隶的利益，削弱强者和独立个体的精神。奴隶道德反叛的核心是*无名怨愤*：产生了与贵族价值完全相反的被动的人生道德观。过去两千年奴隶道德不断发展，虚无主义是它发展的高潮：意识到奴隶和基督世界观已经枯竭破产，又不知道什么样的存在价值将取代它的地位。尼采的道德批判认为，虚无主义既是人性的精神文化危机，也可能是一个积极的标志，即与奴隶道德分裂的标志，这使人看到伟大政治和超越善恶的人生观回归的希望。

6

超　人

本章探讨尼采最重要也是最具争议的两个概念:“超人”(the Overman)(以查拉图斯特拉为代表)和永恒轮回理论。尼采在他的“自传”,1908 年在德国首次发表的《瞧,这个人》(*Ecce Homo*)中强调了这些想法对他的哲学思想的重要性。他说,“在我的作品中,《查拉图斯特拉如是说》自成一派,在这本书里,我给予了人类有史以来收到过的最珍贵的礼物”(1992:5)。超人背后的“基本概念”,他接着论述,是“永恒轮回思想,我们所能得出的最高级别的肯定公式”(p. 69)。尼采赋予这些思想的重要性,也许只能与尼采死后一百多年,他们被误解的程度相提并论。因为,尼采的超人很快转变成了噩梦般的法西斯主义“完人”(Superman),完人的出现预示着一个非人性、极权主义掠夺和暴力世界的出现。同时,“永恒轮回”也被讽刺成一种怪异的,宣扬空洞宿命论的宇宙教条——这一理论认为所有的历史时刻都会以同样的顺序重复发生,在永恒里轮回——那样的历史既是无穷的动态也是毫无希望的静止状态。问题现在变成了:尼采到底想要这些观点表达什么,他为什么将他们看做是新的人性观的高潮?

116 尼采在1885年首次在德国发表的《查拉图斯特拉如是说》一书中介绍了超人的概念。《查拉图斯特拉如是说》是诗歌和哲学寓言,其叙事方式与尼采其他的著作都不同。书中讲述了过了十年离群索居生活之后返回文明世界的先知查拉图斯特拉的经历和教义。他向人类宣布了上帝的死亡,并解释了他的人生观,即超越超人所代表的超自然价值观。查拉图斯特拉的理论是,"人"是一种必须被抑制的生命形式。他的叙述充满警句,只言片语地展示了超越人类的经历,描述了一系列与人相遇的情景——甚至是"最高级的"、"终极"人——这些都表明人类是一个堕落的物种,必须找到一种新的生活方式。查拉图斯特拉的存在是一个象征,他生活在虚无主义、无名怨愤和奴隶本性被动价值之外,是尼采对所有价值的重新评估,也是高级人的典范。他这种存在方式代表了"人"的价值转变,也是对人性未来变化的一种新观点。这种"价值转变"不提供新的"更好的"道德价值,因此不涉及道德论断;它只是观察价值的作用,以及他们推崇什么样的生活方式。

查拉图斯特拉所代表的价值转变,要求战胜虚无主义和"人",认清这一点很重要,因为尼采认为,虚无主义不仅仅是堕落生活方式的特征,它更是构成"人"的要素。尼采的道德谱系学提出,人类生存在主动和被动两种力量之中(贵族本性表现出来的前者,及奴隶本性表现出的后者)。然而,人类历史表明,主动的力量慢慢会转变为被动的存在状态。的确,"人"这一概念在一定程度上也是被动的,因为它包含一个不变的身份,

人文主义 117

人文主义在艺术史和思想史上都可算是一次相对世俗的运动。中世纪末期，教堂开始失去对思想和学习的垄断地位。古希腊和古罗马的文本开始被翻译成各种语言，被人们传阅。更重要的是印刷业的发展，使得学习不再受修道院手抄图书馆的限制。人文主义的核心思想是，真理和价值可以由人直接辨别出来。即使上帝确实存在，神圣的智慧也无需由牧师或教堂来揭示、传达或解释。文艺复兴时期的人文主义借用古希腊哲学家，如柏拉图和亚里士多德，罗马斯多葛派学者如塞内加等的思想，重新肯定人类理性能够认识真理本质的力量。人文主义的艺术和文学作品同时也肯定人体的自然之美，不再将其看做是堕落的体现。其中一个重要的例子，就是米开朗基罗(Michelangelo, 1475—1564)将上帝刻画成人型，伸出手臂，将生命的气息通过指尖传给赤身裸体的亚当，代表神创造人类生命。对于尼采来说，人文主义看似世俗的表象，实际上是一种危险的幻觉。人文主义外表看起来是对外部权威—上帝、神父和教堂—的否定，实际上却并没有拒绝奴性。人文主义文化中创造的“人”是完美的道德标准，每个人心中都有一个内在的“神父”。而超人，代表的是拥有强大生命力量的生活形式，没有稳定的标准及普世道德价值，他也能够坚强的生活下去。

我们的价值都要根据这一身份进行调整。出于这个原因，尼采对代表着现代西方文化的“人性”价值，不厌其烦地提出批评。尼采的文集中反复强调这令人忧郁的被动的故事：它发生在希腊文化被“理论上”的理性主义摧毁之时；犹太人虔诚地取代罗马价值之时；圣保罗对基督教义提出被动定义之时；拿破仑贵族衰落成现代文化的民主思想之时。尼采提出，自希腊以来，人类所面临的两难境地就是，它的主动意志已经逐渐与能够创造价值的肯定的力量分离开来。每一个被动文化时期都来自于推翻现有价值——民主和平等权利现在被认为是“好的”，而贵族精英阶级则是“坏的”——这就导致了主动和被动力量的根本对立。查拉图斯特拉宣称，我们需要的是一种存在方式，它只知道肯定，并根据丰富的经验和力量来创造价值。他在《高级人》(Of the Higher Men)这篇寓言中戏剧性地表达了这一观点。

查拉图斯特拉描述的“高级人”进一步发展了尼采所嘲讽
118 的堕落道德，现代“启蒙”思想正是基于这些道德发展来的。寓言一开始就询问人类最好的代表，在“上帝之死”这一绯闻面前，生活的作用和意义该是什么？尼采是在《快乐的科学》中宣布上帝死亡的消息的：

> 最近最大的事——“上帝已死”，对基督上帝的笃信已经变得不可思议——已经开始在欧洲范围内撒下阴霾。至少对于少数人，他们的眼睛——他们眼中对这一假象的**怀疑**非常强烈细致，太阳好像落山了，古老深刻的信任开始被怀疑；对他们来说，我们的旧世界必须每天出现，但却更像黄昏，更不可信，更陌生，“更旧”。但是，大多数人会说：这件事意义太大，超出了人们理解的范围，人们不会相信它**已经发生**了。很少有人会思考有多少人知道这件事究竟**意味着什么**——有多少信仰将要坍塌，因为这件事就是在信仰上帝的基础上发展、壮大起来的，其中之一就会是整个欧洲

> 的道德体系。这一系列即将发生的解体、破坏、损毁及灾难——谁会猜到呢，谁又会被迫成为老师，来宣讲这恐怖的逻辑，预言危难的到来，预言日食？这样的事情在地球上可能从来没有发生过呢。
>
> （1974：279）

这篇文章提出的问题，自然要由查拉图斯特拉来回答，他的作用就是将“恐怖”、“阴郁”变成新的积极的人生观。他能够这样做，是因为他在上帝死亡之中，看到了复苏生命的可能性。上帝这一想法，尼采评论说，是无名怨愤和被动价值的最高成就：他们发明了一个“更高”形式的生活，以便来评判和指责人类意志及其世俗经历。人类抱住这一信念不放，因为它感到自己无法再创造新的价值和生活方式了。人们最渴求信仰的时候，即是当意志力不能“提出那些‘你应该怎样怎样’的要求”之时（1974：289）。对超验或“更高”世界的形而上的诉求，与被动形式盛行及保护堕落生活密不可分。即使当上帝的存在被否认的时候，这一被动的姿态仍然顽固的存留下来：在爱国主义、实证主义科学或进化论政治等信仰系统中，我们都能看到它的影子，
这些系统都包含人类意志之外的绝对价值，比如像“国家”、“自 119
然事实”、“大众权利”等抽象概念。

查拉图斯特拉向“高级人”提出的挑战就是使他接受没有上帝的生活责任。他认为，乌合之众紧抱上帝这一幻觉是很自然的，因为它赋予人类一个虚假的平等概念：“你，高级人”——乌合之众眨了眨眼——“并不存在高级人，我们都是平等的，人就是人，在上帝面前——我们都是平等的！”（1969：297）。然而高级人已经不再信任上帝，但是又缺乏宣扬他们自己高级生活

的意志力。他们软弱,如同尼采在 1889 年于德国出版的《偶像的黄昏》中,对英国人的嘲笑一样,他们“摆脱了基督上帝,现在他们觉得一定要更依赖基督道德”(1990b:80)。因此即使高级人对超验价值的怀疑标志着进步,他们却又不断地有滑回到被动态度的危险。他们还没有“受到人的苦痛”,因此,他们的冲动就是保存残余的人性,而不是区分上升和下降的生活方式(1969:299)。通过保存软弱生存方式最强的力量,“高级人”会陷入制造低级生命形式的风险。查拉图斯特拉用他谜一般的语言下了这一阴郁的诊断书“想做第一个的人,要确定自己不是最后一个”(1969:302)。基督道德失去了基督上帝,人性变得空洞虚无,要超越这个状况,必须要接受“人”克服自我,接受肯定意志,伟大政治和怜悯距离:

> 在上帝面前!但是现在上帝已死!你,高级人,这个上帝是你最大的危险。
>
> 只有他躺在他的坟墓中,你才能再次复活。只有现在,伟大的正午才能到来,只有现在,高级人才变成了——王和主人!你是否明白这个说法,哦,我的兄弟们?你被吓到了吗:你们的心是否停止了跳动?这里的深渊是否为你打开缺口?地狱之犬是否朝你狂吠?
>
> 好!继续吧,高级人!只有现在,人类未来之山才努力付出。上帝已死——完人降生。
>
> (1969:297)

120 解读超人

尼采选择“查拉图斯特拉”作为人类新经历的先知,并不是随意的。据尼采说,波斯先知琐罗亚斯德(Zoroaster,大约公元前630—公元前550)最早发现了形而上学和宇宙中善与恶之间的道德竞争。因此在指定首个发现道德"错误"并战胜道德的人时,就有了一个颇具讽刺的理由。尼采解释说,"我用查拉图斯特拉这个名字,代表道德的自我克服,也代表道德家战胜自我并接受相反的观点"(1992:98)。人类自我克服的典范就是"超人"(德文原文为 Übermensch)。超人对于尼采的价值重新评估有两个关键意义。"Über"意为超过,指高度和自我超越:它指人类提升到最高的高度,变成一种体验,不涉及任何道德和虚拟的自由意志。它也可以指"穿过"(across)或者"跨越"(beyond),尼采就是用这个意思来将"人"比作桥,我们必须要跨过这座桥,到达一个没有无名怨愤和负面情绪的生活境界:

> 但是,查拉图斯特拉看着人们,他惊呆了。然后他开始说话:
>
> 人是一条绳子,一端系着动物,一端系着完人——这条绳子悬于深渊之上。穿越危险,步行危险,回顾危险,颤动危险,滞留仍危险。
>
> 然而人的伟大之处在于,他是一座桥而不是目的;他的可爱之处在于他代表着**穿越**和**堕落**。
>
> (1969:43-44)

"人"若不经历"堕落"或消灭他的被动信仰,则无法从"人"转化为"超人"。我们可体验的"最伟大的事情"就是"蔑视的时刻",此时我们所有关于幸福、理性、美德、正义、同情的思想,都成了我们肯定自己意志的障碍物(1969:42)。这些思想是被动的,因为他们是我们自己权力的表达,他们从生活中分离出来,变成了我们行为和态度的道德制约。查拉图斯特拉苛责主动权力转化成了评判生活否定生活的固定概念。“我恳求你,我的兄弟们”,他哭喊着,“保持你们的本性,不要相信那些人跟你们
121 讲的天意!”(p.42)。这里“天”即指上帝,也指那些把人类主动权力与其内在自我实现分离开来的超验思想。这一训诫解释了为什么“人”是桥而不是目的。若把超人解释成人类进化发展的终极目的,这只能迫使每个人都要遵从“人”这一宽泛概念,从而生成被动的、以评判为目的的人生思想。查拉图斯特拉对这一假设大肆讽刺,他描写的“终极人”宣称自己找到了存在的意义,这使他厌倦生活,从此无法体会积极和变化(p.46)。相反,超人不是人类的“终点”,而是一个过程,在这个过程中,被动价值转化成积极的肯定力量。

约瑟夫·康拉德的中篇小说《黑暗之心》(*Heart of Darkness*,1900)中有一个角色,库尔茨,可以很好地说明尼采的超人指的不是什么。这个陈述颇令人费解,因为通常意义上理解的库尔茨,代表的正是尼采想要宣扬的,对现代文化虚无主义的挑战。《黑暗之心》描写了19世纪末欧洲对非洲的殖民统治和资源掠夺,以此呈现出一个道德缺失的欧洲。至此,以“文明使命”这一启蒙运动理想为掩饰的欧洲殖民主义,终于露出了真面目:殖民主义不过是对象牙、矿产、奴隶的疯狂掠夺。康拉德书中的主人公马洛,从“伪善之都”布鲁塞尔到混乱恐怖的比属刚果(Belgian Congo)的一段旅程,亲眼目睹了殖民公司的腐败、暴力行径(Conrad 1989:35)。法籍蒸汽船毫无目标地炮轰一个废弃的非洲滩头堡,而链在一起的奴隶躺在空地上饿得奄奄一息。马洛随处可见不受制约的高级力量所带来的毁灭性的后

果。这噩梦般的景象，在马洛眼中代表的是殖民主义堕落成了更凶险的东西：“暴力抢劫”和“恶意谋杀”（p. 31）。他认为，至少殖民主义背后存在一个毫无感情的“思想”：一种文化通过扩张和掠夺其他空间和资源，完成自我克服。一旦放弃这一思想，而毫无约束地去追求利益，殖民主义则堕落成“侵略”，战乱将充斥全世界。

随着马洛在非洲旅途的展开，他经常听到一个人的消息，这 122
个人似乎与欧洲殖民任务这自私自利的伪善行为唱对台戏。不管马洛走到哪里，他都能听到库尔茨的名字，库尔茨本是殖民地中央站的一名代理人员，他厌倦了那里的生活，决定只身一人前往刚果中心地区。库尔茨选择离开，是因为他再也无法忍受殖民主义的谎言，欧洲贸易者在这一谎言的指导下，假装每一个殖民站都“应该是通向康庄大道路上的灯塔，它自然是贸易中心，但也是人性中心、进步中心、指导中心”，可事实上，他们却为了商业利润进行着杀人越货的勾当（Conrad 1989：65）。库尔茨认为，用平庸的道德和无意义的陈词滥调掩藏自己的真实动机，这种做法是软弱和自我欺骗的表现。相反，对“神秘”、不熟悉的非洲大地的真实反映，应该是将个人意志置于其上，而不用求助道德鼓励或借用启蒙运动的诸多空洞概念（p. 69）。只有这样，我们才能面对客观真实的世界，并以我们的“真实想法”来创造我们的法律和道德。

一开始，库尔茨对已有事实和价值的狂轰乱炸，深深地吸引了马洛。他认为，库尔茨“使自己远离了尘世”，因为他有勇气放弃为自己行为的意义寻找“谎言”和自我欺骗（Conrad 1989：57）。“谎言之中有死亡的污点，道德的味道”，马洛思考着，“这正是我所憎恨厌恶的——也是我想忘记的”。但是尽管库尔茨强大到能够面对非洲丛林"狂野热情的喧嚣"，他还是无力给予这些酒神力量以美学形状和连贯形式；他能做的只是见证他身边发生的暴力、死亡和毁灭（p. 69）。用查拉图斯特拉的话说，库尔茨缺乏约束和自我意识，不能将被动转化成主动力量，也无法提出对生活新的解释。库尔茨只能体验"伟大轻蔑之时"具有毁灭性的一面；他无力超越这些被动的信仰，也无法给生活设定新的意义。事实上，对于库尔茨来说，生活变成了纯粹的否定：他能讲述的唯一的观点就是，世俗经历的"恐怖"（p. 111）。库尔兹缺乏约束的命运，最后导致他陷入了终极殖民幻想：他将自己设立为本地人的偶像，他们则用腐朽的人祭来对他表示崇敬。他在不知情的情况下完成了对超人的模仿：无关人性的人生力量重新被同化成了固定概念——神，我们向超验幻象臣服的情况又重新开始了。

123 库尔茨在《黑暗之心》中的命运，几乎成了一个以庸俗的方式理解尼采哲学中力量和意志的模板。仔细阅读《查拉图斯特拉如是说》就会发现，这种解释与尼采本人的观点相差甚远。查拉图斯特拉的《在幸福岛上》（On the Blissful Islands）阐述了这一观点中的几个重点内容。幸福岛美丽富饶，他们为查拉图斯特拉的讲义提供了完美的布景，他宣讲的主旨是：人类体验的意义在于放弃超验幻象，并保持本色。人类不该崇拜上帝，查拉图斯特拉扬言道，因为他并没有能力创造出一个上帝。我们称之为"上帝"的，只不过是一个被动的幻觉，每当我们的真实体验超越我们的"创造意志"能力时，这种幻觉就会出现（1969：110）。人类不能孕育一个上帝，但他却能够创造超人，这只需用自己的形象重新创造一个世界，并将每一个超验思想还原到它在人类自我转化能力中合适的位置，就可以实现：

> 你能**孕育**上帝吗？——但希望真理意志对你包含这个意义：一切都应该转变成人类可思、可见、可察觉的东西！你应该以此来追随自己的感觉！
>
> 且，你自己应该创造你自己的世界：这个世界拥有你的形象，是用你的理性、你的意志、你的爱创建的！最后，它应该就是你的快乐之源，你，文明之人！
>
> （1969：110）

任何一个宣扬“唯一、完美、不变、富足、永恒”的教义，都是“邪恶、反人类的”，因为它否定人类的意志力和生成，人类恰恰就是通过辨别区分主动和被动的力量来肯定自己的（1969：110）。人类的价值，其实在于他用意志力的高级行为来克服自己被动本性的能力：“意志力可以解放人类：这才是正确的意志力和自由的教义——查拉图斯特拉将这一真理教给你们”（p. 111）。

那些看起来绝对永恒的价值，比如“善”与“恶”，是由人类创造出来，赋予存在意义，同时给予特定的文化和政治事件以合法地位，只有当我们承认这些，人类的自我转化才能够实现。查拉图斯特拉提醒我们，“价值”是对人生的某种“评价”，是由那些足够强大的个人发起的，他们能够摒弃那些固有真理，并将他们自己的视角和需求强加于他人：

> 确实，是人类创造了所有的善和恶。确实，人类并没有 124
> 从别处借用了善恶，也不是从哪里发现了善恶，善恶不是从天堂降临到人间的声音。
>
> 人类最开始将价值观念植入事物之中来维系自己——他给予了事物意义，人类的意义！因此，他称自己为“人”，

也就是：评估者。

评估即是创造：听到了吗，你，富有创造性的人！评估本身就是价值，且是所有有价值物品中的珍宝。

只有通过评估才能产生价值：没有评估，存在的坚果就是空洞的。听到了吗，你，富有创造性的人！

价值的改变——也就意味着价值的创造者的改变。创造价值的人，必须具有毁坏的能力。

（1969：85）

需要有足够的力量才能拒绝普遍永恒的“真理”，比如“上帝”；同样，将“评估”和创造价值置于生活的中心也需要足够的力量。查拉图斯特拉认为，存在的意义是由力（force）决定的，个体用这个力来掌控生活，并建立起对生命的解释。为了战胜“人”，超人必须要发展出坚强好战的本性，并且接受那毫无同情的教条，即“杀不死他的，会使他更强”（1992：11）。生命被风险、战事及克服被动力量等驱动着向前进；那些“最后的人”、“终极人”，他们“逃离了艰苦的生活”，无法再对生活进行新的解释，百无聊赖地飘荡在他们无法控制的历史洪流之中（1969：46）。相反，超人“抓住了新价值的权利”，以“我要……”这样的断言取代了传统法则或“你应该……”的规定（p. 55）。积极地接受创造意义和价值的权利和责任，是超人与虚无主义者无名怨愤的区别。虚无主义者的唯一愿望就是“倒退”，惩罚那些比他们强的人（p. 162）。超人拥有力量创造一套自己的法则，且不会被降低为抽象的道德系统或者应用到整个人类当中：“我就是我自己的法则”，查拉图斯特拉警告众人，“我不是所有人的法则”（p. 296）。自我肯定这一伟大行为，净化了个体的虚无主义和被动感,因而使自己的最高本性得以显露出来(p. 301)。那些这样做了的人,认为自己可以分享查拉图斯特拉的美德:他们拥抱光明而不是沉重的无名怨愤;他们肯定风险、机会以及他们与奴隶本性的不同,他们与时间共舞;他们与酒神一起欢笑,酒神教会了他们毁灭以及自我完善的必要性:

> 如果带有创造性的气息来到我的面前,天堂般的气息, 125
> 使我拥有与群星舞蹈的机会;
>
> 如果我曾与具有创造性的闪电一起放声大笑,雷声滚滚,轰鸣却顺从,随后而来;
>
> 如果我曾与众神一起在他们的桌边掷骰子,大地,大地动摇开裂,喷出烈焰;
>
> 因为大地就是众神的桌子,随着创造性的新词和众神投掷的骰子而动摇;
>
> 哦,我怎么能不渴望永恒,渴望戒指中的婚戒——轮回的戒指呢!
>
> (1969:245)

永恒轮回

以上所论述的查拉图斯特拉的美德以“永恒轮回”结束,尼采说永恒轮回理论是“来自于深渊的,我最真实的想法”,且对他的哲学思想至关重要(1992:11)。然而,这个“想法”却在哲学界引发了无休止的争论,对它的各种解释差异也很大。尼采对这一想法的解释,提供了一点点充满挑逗意味的线索。尼采扩展了查拉图斯特拉的寓言《救赎》(Of Redemption),以此为基础的《瞧,这个人》中有一句话,可以窥见这一线索:

> 曾有一次查拉图斯特拉严格地定义了他的任务——也是我的任务——你们一定不要误解这个任务的**意义**：他在评价、救赎整个过去的历史方面，是**积极**的：
>
> 我走在人群中，如同走在未来的片段之中：那是我所预览的未来。
>
> 我的工作和目标就是把这些片段、谜语和可怕的机会串成一个整体。
>
> 人若不是诗人、谜语的读者、机会的救赎者，我怎么能够忍受自己是人呢？
>
> 要**救赎过去**，就是要将所有的“原来如此如此”变成“我想要它如此如此”——这才是我所谓的救赎。
>
> （1992：80）

永恒轮回看起来跟意志哲学不可分割——将“原来如此如此”变成“我想要它如此如此”——这一思想激进地修改了过去和现在之间的关系，并产生了一种新的生活艺术。要想裁夺这一
126 思想的确切意义，确实非常困难，因为尼采的风格（以及他的哲学）倾向于将他的思想零散地写在几个不同的文章之中，而不是用一个统一的视角综合地呈现出来，这就给解读他的思想带来了很大的困难。也许介绍永恒轮回最好的方法是从两个角度出发，两者互为补充：一个是存在观角度的解读（在道德背景下考虑强者该如何生活），一个是宇宙观角度的解读（以超越人的视角将人类体验作为一个整体来考虑）。尼采《快乐的科学》有一段著名的文字，提供了永恒轮回的存在主义背景：

> 如果某个白天或夜晚，在你最孤独的时刻，一个恶魔偷偷地走近你，跟你说："你现在和以前的生活，你要重新活过一次，无数次；里面不会再有新的内容，但是你曾有过的痛苦、欢乐、思想、叹息、任何渺小或伟大的事情，都会以同样的顺序重新来过——就连现在这只蜘蛛，树枝中透过的月光，以及这一时刻的我也包括在内。永恒存在的沙漏不断地被翻来翻去，你就是其中的一颗沙粒！"
>
> 你会不会绝望的倒下，咬牙切齿，诅咒跟你说话的恶魔？或者你会觉得此刻无比美好，你对他说："你是一个神，我从来没有听过如此神圣的话语。"如果你有这样的想法，它会改变你，或者可能使你崩溃。你做每件事情时，都会问自己"我是否想要它重复无数次？"，这将对你的行动产生巨大的影响。或者，除了这一终极的永恒，你**对别的任何事情都不会有如此热烈的渴望**，这样的你，你的生活，你做好心理准备了吗？
>
> （1974：273-274）

恶魔向人类提出的问题，是对承诺的挑战：你将要如何生活，才能使你为了存在的快乐而忍受最恐怖痛苦的事情？这一挑战又引出了其他问题。假设你生活中的每一个时刻，不论好坏，都会永恒的轮回发生，你是否还有勇气肯定自己的生活方式？为了得到这样的肯定，你的生活还有什么需要改变的地方？如果自我克服以及新的人生观的条件是折磨、痛苦、艰苦，你能否肯定这样的生
活？值得注意的是，尼采用的是条件句式，因为这段文字带给读 127
者的信息是对生成和改变的承诺（或危险）。尼采非常好奇，如果真的有永恒轮回这回事，我们是否会接受它？或者我们会拒绝

它,因为我们的生活被动且充满无名怨愤?如果没有上帝、救赎、来世这些超验的希望,我们是否能够接受这尘世的生活?

尼采在查拉图斯特拉的寓言《康复者》(The Convalescent)和《醉酒歌》(The Intoxicated Song)中对轮回进行了论证。起初,查拉图斯特拉被"深不可测的想法"惊醒——生命"循环"——随后昏迷了七天(1969:233)。他晕倒的原因是出于对人类的反感:他梦见人钻进了他的喉咙并使他窒息。尼采认为,只有当查拉图斯特拉和人都有能力改变他们的生活时,这种反感才会消失。因此,他用《康复者》(标题指查拉图斯特拉,也可能指人类整体)中的句子来区别对待轮回的两种不同态度。一边是查拉图斯特拉,他意识到,不光最高尚的人,那些"最卑微",最被动的人也会进入永恒轮回,这一事实使他难以下咽(1969:236)。颇为矛盾的是,有意识地肯定被动本性的回归,也会生成查拉图斯特拉渴望保存的贵族特质。因为只有最高贵的本性才能体验破坏和创造的无尽循环,才能肯定自己与他所鄙视的一切之间无法脱离的关系。相比之下,查拉图斯特拉的动物们只能重复他的新"教义",无法接受恶魔的挑战,也无法思考这对他们自己的生命有何影响。然而,对于查拉图斯特拉来说,若没有自我意识就没有道德肯定,他的动物们以他的经历编排了"手摇风琴歌",他却对其无比反感抗拒(1969:235)。

可是,为什么非得让所有的事物全部轮回才能影响我们自己的个体轮回呢?答案在尼采对主体的批评和他创造的力量哲学之中。尼采拒绝承认动作和反应的背后存在一个构成生命的主体。因此,我的行为背后没有任何东西——没有"主体"或"灵魂"——操控这些行为,并给予他们意义。我们就是我们的行为;我们每一个人就"是"我们的体验以及我们给别的客体留
128 下的印象。如果我们不是由无法削减的本质所构成,而是由整

个宇宙网的各种力量、行为、反应而构成的,那么要复制我们的经历,则一切事物都必须回归。若有一个力量或行为改变了,整个宇宙就会随着改变,变成另外的样子。强者可以肯定他在宇宙网中的位置,也希望每个力量的回归,不管其影响是好还是坏。肯定每个力量,希望他们回归,就是对现在这个世界的肯定和救赎——而不是形而上学的来世——也使现在的我们变成永恒。可以如此肯定的个人,拥有尼采"人类伟大之公式",即热爱命运(amor fati, love of fate)的特点,或者"除了现在不再想要任何别的东西,过去不要,将来不要,永远也不要"的信念(1992:37)。查拉图斯特拉在他的宣言里强调了这一信念,他说"事故发生在我身上的时间也已过去,那些尚不是我自己的,还会发生什么呢"(1969:173)。这再现了他的肯定哲学,以及他在《醉酒歌》中的愉悦:

> 你是否曾接受某种快乐?哦,我的朋友,那你就相当于同时接受了**所有的**悲伤。所有的事情都纠缠在一起,他们彼此相爱着;
>
> 你若想要某一时刻发生两次,你若曾说:"你使我愉悦,幸福,此时此刻!"那么你是想要**所有的**事情回归!
>
> 你想要所有的事情重来,所有的事情永恒,所有的事情连在一起,纠缠在一起,所有的事情彼此相爱,哦,这就是你**爱**这个世界的表现。
>
> 你,永恒的人,要永恒的爱它,爱所有的时刻:你也要对悲伤说:"去吧,回归吧!"**因为所有的快乐都想要——永恒**!
>
> (1969:331-332)

尼采对永恒轮回的论断有些晦涩难懂,他有些自相矛盾地坚持认为轮回不仅是存在主义的挑战——如何生活的问题——也是一种宇宙观真理或对世界的理论。他在他的工作日记(他死后发表为《强力意志》)中多次提到,所有事物的轮回是宇宙的基本动力,也是“所有可能的假设中最科学的”(1968:36)。他试图建立他的宇宙观,他认为宇宙不该被认为是朝着某一目的或
129 目标前进,因为这一目标可能已经达到了:

> 如果世界变得僵硬、干枯、死气沉沉、**虚无**,或者它能够达到一个平衡的状态,或者它曾有过任何需要时间、不变、一劳永逸的目标(简言之,用形而上学的角度来讲:如果生成**可以**将自己变成存在或虚无),那么这一状态一定早已实现了。
>
> (1968:548-549)

尼采的立场可以总结为:如果我们接受空间和宇宙的力量都是有限的(“如果世界可以被想象为某种特性的力及特定数量的力的中心……”),且永恒可能已经存在于某个不确定的时间和现在这一时刻之间,结论就是,世界一定要经历“固定数量的事件组合”(1968:549)。在这些情况下,无限时间的可能性就意味着“任何一种可能的组合,在某一时刻都可能发生;另外,它也会发生无限次”(p. 549)。我们也可以从另外一条途径得到相同的结论。如果时间有一个起点,尼采说,那么自然有比这个起点更早的时间。这不合逻辑。但是如果时间没有起点,那么生命就是永恒的。如果生命是永恒的,那么我们就不能将现在看做是时间向前移动的基点(它向前移动是为了什么呢?)。生

命已经是永恒的。现在,如果时间没有界限,没有起点或终点,也没有存在于时间之前或之后的点。所有的事物都是也将是:没有方向也没有形状的洪流。正如查拉图斯特拉曾欣喜地描述的那样:“对我来说——怎么可能有我的外观呢?没有外观!”(1969:234)。永恒轮回因此成为了存在的基本原则。

随着量子物理和新的概率理论模型的发展,尼采的宇宙理论变得不堪一击。许多评论家基于这些反对的声音,认为“永恒轮回”是哲学异类。然而,如果我们忽略尼采论断的“科学”影响,并试图理解他为何如此大力地推出他的想法,我们可以总结出两点以证实轮回理论是存在主义的挑战:非目的论的生命体验观,以及力与肯定的哲学观。尼采认为轮回是“存在即是 130
现在,没有意义或目标,也会不可避免的反复发生,并不会产生虚无的结果”,他探讨这一理论的持续动力,是他反对将生命看做是有目的的朝向一个目标前进的想法,同时也反对从人类体验的因果关系中可以找到存在的意义这一思想(1968:35)。如果所有的事件都将永恒重复,人生将不会有终极目标;轮回的概念始于人类“停止涌向神灵”且肯定当下生活的意义和力量之时(1974:230)。永恒回归观并不是将我们丢给宇宙法则残忍的力量不管;尼采的永恒轮回理论一部分是批判“机制”的,该观点认为生命起源于客观物质之间的“吸引力和排斥力”(1968:333)。轮回思想要求我们将“内心意志”归因于宇宙力量,通过这些力量选择我们希望轮回的时刻,并用他们来给生活一个全新的解释。只肯定自然“法则”而不去肯定将自然法则排列成价值等价的意志,这无疑是将我们自己推向空洞的宿命论。相反,尼采认为,“某种现象无法改变的顺序”总是会表现出“两种或更多力之间的关系”,因为历史事件只有被强力塑造成连贯的形式，才能拥有意义（1968：336）。这就是为什么超人会欣然接受永恒回归的思想：他给予每一个事件特定的意义并使它变成他自己的，通过这样的方式，他肯定那些回归事物的变化。

永恒轮回这个谜一样的力量，可以借助一部好莱坞电影来解释：哈罗德·拉米斯导演的电影《土拨鼠日》（*Groundhog Day*，1993，也译作《偷天情缘》）。尼采认为，虚无主义的一个主要诱因，就是我们倾向于将终极价值或目的置于生命之外，并把它包装成天堂、救赎或者未来的幸福的样子。因此，我们的做法就是，为了超越生活而贬低生活。尼采对虚无主义贬低生活提出的挑战在于他抛出的问题：如果永恒轮回的只有这一世的生活，我们怎么办？我们能够肯定这一世的生活吗？通过肯定生活，放弃超验价值，放弃对未来生活的梦想吗？

这些问题在《土拨鼠日》中以幽默的形式表达了出来。电影的主角，天气预报员菲尔·康纳斯，无法找到生命的价值，逐渐变得愤世嫉俗，悲观厌世。他每天的生活都一成不变，每次天气预报都跟前一天相似，最后他的人际关系也亮了红灯。康纳
131 斯对生活产生了虚无主义的厌倦。他后来被派去费城的普苏塔尼小镇，报道当地的土拨鼠日庆典，使这种厌倦达到了极致。一场暴风雪席卷了小镇，将它与外界隔绝开来，康纳斯也被困在充满乡村气息的社区里，他可是最瞧不起这样的社区的。更糟糕的还在后面呢。第二天，康纳斯醒来的时候，发现他好像是被诅咒了一样，必须重复前一天的生活。所有的事情都一样：收音机里的报道，天气，他遇见的所有人的姿态和言语。接下来的日子，都是在重复这一天的生活。这就是康纳斯的命运：在他认为地球上最糟糕的地方，费城普苏塔尼小镇，陷入永恒轮回的

怪圈。

《土拨鼠日》中的喜剧和悲剧来自于康纳斯对这不同寻常境况的反应。一开始,他对这一系列事情感到困惑、恐惧,这反映出他觉得生活虚无空洞,毫无价值。他陷入绝望,并试图通过破坏和拒绝现在来逃离他的生活。周围的一切都使他感到厌倦,他的笑话毫无新意,他看不到任何生活的意义。存在对他来说变得毫无意义,正是因为每天都一样,这令他烦躁。康纳斯的绝望随着一次次试图自杀而达到了顶峰,但电影两难的悲喜特性没有给他任何出路。每一次"死亡"之后,第二天早上他照样会醒来,他也会再次面临重复的一天。

不过,康纳斯陷入这永恒轮回的经历也给他提供了新的生活视角。他慢慢懂得,如果这样的生活不断重复下去,那么他也可以去体验无限不同的经历。所有的事情都变得可能。我们不用受限于个体的生活,而是可以利用永恒,体验不同的人生。康纳斯开始积极地体验多种人生:他变成了一个爵士乐钢琴家,冰雕艺术家,法语符号主义诗歌专家。另外,他开始意识到,生活是生成的永恒运动,而不是有开头、中间、结尾的叙事,这使他选择自己生活的上升力量,拒绝自我怜悯、虚无主义和无名怨愤。

康纳斯对轮回的体验,终究是跟电影本身及好莱坞系统的
意识形态利益冲突的。《土拨鼠日》最后的结局从轮回这一主 132
题落回俗套、保守的资本主义道德价值。电影的结局告诉我们,
人生还是有目标和结局的:寻找真爱,与你的梦中情人结婚。但
避开电影被动地回到一系列人们所熟悉的价值不谈,正是轮回
思想向道德提出挑战,才使电影的喜剧效果不同反响。

小　结

超人代表具有创造性的、肯定的生活观，它超越了充满负面情绪的虚无主义、**无名怨愤**及奴隶道德。超人的教义旨在克服因“上帝之死”而产生的虚无主义生命体验，且不用借助超自然价值来肯定新的存在观。对生活的新解释预示了一种新的存在形式，它只知肯定，并用丰富的意志、充沛的力量来创造价值。从这一角度来肯定存在，就是要克服被动的人生观及“高级”世界的神秘感，并区分上升和下降的生命形式。超人通过永恒轮回理论强化了对生命的积极解释。轮回从存在和宇宙的角度为我们的体验提供了理由。这一理论描述的是非目的论的人生观，也是力量与肯定的哲学。强者可以接受他所有过去的经历——不管好坏——重复发生，因为他有能力选择那些他希望肯定的经历，因此创造出对生活新的解释，这一做法超越了任何道德和被动的价值评估。

7

强力意志

本章讨论尼采最重要也最难理解的思想之一:强力意志。在尼采所有的术语当中,“强力意志”最接近于他在大众心中的形象。强力意志通常被理解成是强者暴力控制弱者的价值观和生活观。如大多数的俗语一样,这种解读隐藏了一部分事实,只强调尼采全新生命理论中最激进的那部分内容。探讨这个哲学领域有一定的难度,因此,我们首先要说明的是,目前还不确定“强力意志”到底应该划归为“理论”、“思想”,还是“原则”才能充分体现它的意义。尼采本人认为,强力意志描述的是一种生产力,它既能创造,也能转化我们所遇见的所有的“存在”和“现实”。我们可以这样说,强力意志提供了一种动态的人生观,在这样的世界中,生活既是名词也是动词,存在的任何一个方面都有了新的解释。为了更好地理解这一新的人生观,我们必须首先确定尼采想用“强力”、“意志”这两个词表达什么意思,另外还要确定用这两个词汇重新思考人生的利害关系。

对尼采来说，“强力意志”最重要的意义就是，它为尼采哲学的矛盾性提供了全新的视角。尼采试图在被动虚无的西方思想史之外，发展他的批评思想。然而，他却遇到了种种困难和矛
134 盾。如何才能书写历史，将堕落的人描述成“历史”动物？如何才能证明推理的虚伪本质？是否能证明真理的虚伪性？这些问题使尼采重新思考生命的本质，以及它创造自相矛盾的“人”的能力。反复思考的过程，最终使他向基础二元性——比如表现与本质的对立、存在与生成的对立等——提出质疑，这削弱了他之前的观点。但是他认为，任何对真理的质疑，都会形成一个新版本的真理。任何对“人”的否定，都会创造一个新的人的标准：“要反对人道主义人生观”。“强力意志”思想认为，生活拥有与生俱来的本质，这种本质不是以超验推理的形式从高于生活之外的某处获得的，这使尼采不再受到批判性思维的矛盾限制。与生俱来的本质——只接受生活——使我们能够看到各种形式的人生（动物人、生理人、理性人、道德人等）是如何产生并合法化的。尼采认为，我们需要知道，各种生命形式，不光是人类生命，都是由一个共同的对权力的追求整合起来的。人类生命（包括它的真理和规范）只不过是一种生命变化形式。

尼采决心要创建一种新的存在观，是因为他意识到，西方思想中的人生观，主要建立在几个固定概念形而上的对立之上。最重要的几个是主体和客体、因与果、存在和生成。尼采认为我们用来描述世界的语言，它的结构开创了西方思想的二元性，不过同时也限制了它的发展。尼采在《偶像的黄昏》中有一句格言，“我们没能摆脱上帝，因为我们仍信仰语法”，这句格言强调了尼采的思想，他认为，我们对世界的认知取决于语言对不同生命形式的区分（1990b：48）。毕竟，语法是通过强制区分“主语”

（通常由人的意识或“人”作为其代表）和“宾语”（外部世界）起作用的。语法进一步区分为“动词”、“名词”、“形容词”等类别，这促使我们将运动和变化看做是发生于人类主体身上的体 135
验，而不是创造主体的体验，这种体验也将世界从无尽的生成过程转化为在相对稳定的状态、行为和体验之间的震荡。

标准的形而上学思想认为世界是形式和物质的，不是生成和变化的。尼采认为，这一观点的形成，是因为理性能力错误地将自我意识当做了人的基本特性，然后又将对“自我—物质”的信念投射到世界上。通过这一转换，人类“自我”和“意志”就成了存在的起因，而不是生命运动的二级效果。因此世界的生成只能从人的角度来表示。活在当下意味着

> 纠缠于错误之中，错误是**必要的**，纠缠的程度取决于我们对整体、身份、过程、实质（substance）、原因、物质（materiality）、存在等概念的理性看法。语言本质上属于一种最基本的心理学形式：试想一下语言形而上的基本假设——即**理性**，就会发现，我们陷入了盲目崇拜之中。语言看到的是事件和施动者；语言相信意志是一切事物的动机；语言相信“自我”，相信自我是存在，是物质，同时语言也将对自我物质的信仰**投射到**所有事物之上——这样，它就**创造**了“物”的概念……存在被错误地认为是因：而“存在”的概念只能从“自我”概念中衍生出来……我们一开始就犯了一个致命的错误，我们认为意志**产生影响**——意志是一种**能力**……现在我们知道，它不过是一个词而已。
>
> （1990b：47-48）

我们错误地用拟人的方式表现存在，而尼采试图通过“强力意志”把我们从这一错误中解放出来，他认为有一套与人无关的创造原则，它不仅创造人生也超越人生。“强力意志”将生活看做是不断对权力和控制的追求，这也解释了为何尼采不愿意——这迷惑了很多读者——用心理学和人性角度讨论“意志”。他拒绝认为意志是有意识的，因为意识混淆了事件的因果关系，将一系列结果（思想、感情、内心世界的活动）作为我们
136 对世界感官体验的源头。我们所犯的错误，就是将“快乐”、“痛苦”这类想法看做是身体反应的原因，且认为放大快乐、避免痛苦是所有行为的动机。不过，对于尼采来说，这些想法源自对物质的物理过程的解释。他用生理学和历史学两个角度论证了这一观点。他在《强力意志》中讲到，呼吸急促、血涌向头部，通常被解释为“生气”，然而生气的感觉源于跟主观意识毫无关系的生理反应（1968：354）。我们慢慢习惯于将外界刺激（比如人、地方、事物）与某种感觉联系起来，并认为他们是引起我们生理变化的原因。人类性行为和品位的历史也证明，“快乐”和“痛苦”的感觉是由特定的文化价值而不是一般的生活法则所决定的。受虐狂的例子也表明，痛苦有可能是快乐的前提条件，两者也许并不是简单的对立关系。再比如，精神禁欲主义谴责肉体的快感，但却可以通过生理的紧张和幻想来创造性快感的效果。因此，快感和痛苦并不单纯的是能够引起生理变化的心理原因。他们是主体对生理变化所做的事后判断，其意义根据主体当时所拥有的力量而变化（p. 354）。

若以生活在多大程度上符合特定思想的要求来判断生活——比如快乐和痛苦，善与恶等思想——则要求我们将生活的效果转化成起因和最终的理由。尼采断言，意识，实际上是存

在的次级、被动形式，原本它处在“离个体生物中心最远的地方”，后来有意识的想法逐渐变成了生理感觉的原因(1968:274)。他用生物学术语描述意识，认为它只是神经系统之外的东西，给生活带来一些原本没有的因果关系，目的是使世界变得可想(thinkable)(p.285)。这个过程将内省式的“整体”替换成“万般复杂”的人生，且将“人”的自主意识上升为存在的最高价值(p.284)。然而，意识只是展开并延伸生命力量的另外一种形式；从意识角度来理解生活，实际上否定了实现、延伸生活的多 137
种途径(p.376)。将快乐、道德或精神当做存在的最高价值，就是否定生活的总体经济性，且以部分当做整体。另外，把意识当做是生命背后无条件的价值，并用它来解释生活，无疑是复制了对绝对精神或“上帝”的信仰，也即是被动思想取得的最高成就：

> 最根本的错误在于，与其将意识看做总体生命的工具或某一方面，我们将它作为生命的标准和前提，并赋予它最高价值：是错误地**以部分代替整体**(a parte ad totum, from a part to the whole)——这也是为什么所有的哲学家都本能地寻找一个整体的意识，适用于所有生命和意志、所有发生的事情的意识，一种“精神”，“上帝”。但是，这却使生活变得畸形；可能正是因为“上帝”和总体意识这些概念，生命会受到谴责——因为我们已经**消除**了总体意识的概念，这使我们感到轻松，不用**被迫**做悲观主义者——**我们**对存在最大的**指责**就是**上帝的存在**。
>
> (1968:376-377)

意志、权力及反抗

尼采反对将意识和精神作为存在的最高价值,这是他的积极生活观的基础。这一观点有三个主要的论断。第一,生命整体是一个由强力意志创造的力场,人类意识是它所创造的其中之一。“生命”是生成转换永无休止的力量,我们的语言学传统习惯地将其区分为因果。第二,生命的意义既不是自我保护,也不是道德或精神启蒙,而是力量的增长以及“占用、统治、增长、变得更强的意志”(1968:367)。纵观人类的历史,他说,有很多以生命为代价追求权力和统治的例子。最基本的生命驱动力在于力量的积累,以及较强意志统治较弱意志必须克服的反抗力
138 量。这一力量的关系使每一个生命阶段富有特色:它存在于镇压行为中;它同时也是智力行为背后的动力,比如哲学对话,典雅爱情的传统礼仪,以及在上升和堕落文化运动中塑造历史形态的东西。

一元论观点认为存在背后只有一个力或原则,这使尼采断定,除了意志之间的统治变化,绝对没有任何其他的因果关系了(1968:347)。出于这个原因,“意志”必须从抽象的心理学类别,比如“欲望”、“要求”等抽离出来,这就将意识想法(idea)放到了力量消耗之前。尼采认为,“愿意”(willing)本身并不存在,存在的只是愿意之事(p. 353)。整个生命运动都是由矛盾推动的,一方面是积累力量的意志,另一方面是拒绝被更强的意志所征服的反抗。占有与反抗的矛盾存在于生活的每一个层次,并区分了各个生活层次:尼采认为,每一个生命“事件”的核心问题,就是“反抗的程度和高级力量的程度”(p. 337)。他所谓的强力意志的“量子”——高级力量同化低级力量的程度——是有效的生命单位,“只有先取消制度等级,才能在等级

之外思考这种生命单位”(p. 338)。某一物种的成长以及它渴求知识的程度，取决于它在多大程度上能够掌控并延伸自己的强力意志。尼采认为，知识是力量的结果，而不是力量的前提；我们因为拥有了创造现实观并将其强加于他人身上的能力，才变得“知识渊博”(p. 267)。同理，“快乐”和“不快”的意识，并不是我们采取某种行为的原因，而是我们对曾经拥有的力量和现有力量之间差异的意识(p. 366)。感到快乐，是因为我们觉得力量有所增强，而不快则是因为一个更强大的意志主导了我们的软弱意志：

> 强力意志只能通过反抗来证实自己；因此，它不断寻找反抗它的力——这就是细胞质延展它的伪足(protoplasm)时的原始动机(细胞质通过其伪足向细胞外延展寻找养分)。占有和同化都是征服的欲望，是塑造与重塑的过程，
> 直到被影响的那个完全进入侵犯者的力量范围，之后其力 139
> 量将随之共同增长。
>
> (1968:346)

尼采意志哲学的第三个要素是，强力意志通过辨别不同形式生命之间的力量等级来体现自己。尼采的“体现”，是指成为某物的主人的一种方式：强力意志体现自己的方式是定义不同种类生物的界限，评估他们所展示的力量，并确定它们在多大程度上能够将彼此同化到自己的领域内(1968:342)。因为强力意志是一种有效的力，它构成了每一个生命层次，尼采所理解的体现，是个人体验的基础。尼采不断地强调这一点，他借用主观“目的”和“意图”来试图揭露我们现有世界观的缺陷。他说，用

主观“目的”为某一行为寻找意义是不正确的，因为“目的和方式都是解释，在这一过程中，行为的某些点被强调了，而有的则被忽略了”(p. 351)。我们不该给每一个行为强加一个“主体”和“施动者”，因为如果我们不再需要“主体”概念，我们也就可以摆脱滋养虚伪概念的土壤——比如拥有“必须”和“偶然”特质的“物质”主体，或者“物自体”(thing-in-itself)思想等(p. 298)。我们紧紧依赖主体的概念，是因为它为我们提供一个稳定单一的视角，通过这个视角，生活的复杂性可以变得连贯统一。一旦真实世界的“真理”和“实质”建立起来，我们就可以区分世界自体(world-in-itself)的完整性以及“表象”世界的欺骗性，表象世界喜爱的是“灵魂”、“自我”这类形而上学和被动的形式，而不是关于生成的物质世界。一旦确定了主体和“真实”实际上都是积累和反抗这些流动力量的后果，上述区分就受到了威胁，他的边界也会不停的改变。尼采反对主体与客体之间有物质差别；主体出现于差别的世界，那里原子没有预设的本质：

140 没有主体“原子”。主体的范围不断地增长或减少，系统的中心不断地变化；若它无法组织其质量，它就分裂成两个部分。另外，它可以将一个稍弱的主体完整地转换成它的功能，并在一定程度上用它形成一个新的整体。没有“物质”，有的只是本身想要追逐更大力量的一个东西，它想要“保存”自己，却只能通过间接的方式实现(它想**超越**自己)。

(1968:270)

透视主义

尼采将强力意志的地位提升为生命的核心，这使尼采认为存在是一个过程，而不是物质。物质世界是由力的不同后果重新组合而成的想法、图像和特性。“事物是其后果的总和”，尼采在《强力意志》中如是说，“它由概念和图像整合起来”(1968:296)。这个论断很关键，因为尼采因此对真理理论有了激进的理论，这一理论建立在他称之为透视主义(perspectivism)，而不是实证主义或对自然现象的“客观”解读之上：

> 实证主义在现象面前驻足不前——“只有**客观事实**”——我说：不，客观事实恰恰是不存在的东西，存在的只是对它的解读。我们无法建立任何事实“本身”：也许这样做本身就是愚蠢的。
>
> “一切事物都是主观的”，你说；但是这本身也是一种解读。“主体”不是既定之物，它是添加、假设、投射到现有事物之上的东西。——说到底，给某种解读添加一个解读者是必要的吗？甚至这也是一种发明、假设。
>
> 只有“知识”这个词有了意义，世界才是可知的；但是不论如何，他都是**可以解读的**，世界背后没有任何意义，但却又拥有无穷无尽的意义——这就是“透视主义”。
>
> 是我们的需求在解读世界；我们提供动力，需求决定支持还是反对。每个动力都是一种统治的欲望；有它自己的视角，每个视角都希望强迫其他动力接受自己作为标准。
>
> (1968:267)

这一段有一定难度，需要认真地注释。尼采的主要论点是，每一个自然的“事实”或“真理”一开始都是生命的一种解释，每种解释看到的存在都是它视角下的现实。人类习惯性的“实证主
141 义”错误就是假设有一个共享的现实存在，能够作为对世界各种解释的客观标准。尼采反对这一假设，他提出两个依据：不可能有针对生活或世界的“一般”力量，因为这意味着没有视角；另外，没有任何事情——包括关于世界的理论——可以作为“真实”的一般模型，因为“事物”的特征体现在它与其他事物的相互关系之中。要理解第一条，我们必须要重温尼采的一个论断，他认为每一个“本质”（essence）——不管是叫“人生”、“存在”、“实质”（substance）、“事实”或是“世界”——都产生于特定视角对历史的控制，视角预设并限定其他解读的可能性。因此，我们的世界观是由视角的相互作用构成的；若以世界作为衡量某种解读的标准，实际上是将果转化成了因。

每当个人、集体或者机构为宣扬自己的价值和利益而重新解释“事实”时，强力意志就体现了出来。重新解释，总是包含将较弱的力同化成较强的力，而这一同化过程必然会创造一个理解世界的新视角。将“生活”不断重新解释为事实和历史价值，正说明了这一观点。因此，对于贵族文化，“生活”是自我消耗、自我肯定、没有无名怨愤的高贵模式。相反，教士权威和禁欲文化则认为“生活”是自我反省，自我否定，为超验、来世生命服务的内省模式。贵族文化和教士文化都会笼统的描述“好生活”，但是它的意义却取决于人们所选择的解读人类体验的视角。这两个观点都与尼采对存在自嘲式的视角不同：“多个力，由共同的营养模式连接起来，我们称之为‘生命’”（1968：341）。我们也不该期待这些观点会统一，因为尼采认为，“生命”的意

义和价值取决于对体验的解读——新老视角之间存在不连续性——而不是提供一个判断历史过程的依据。

尼采的第二个反对原因进一步阐述了意义和价值是解释和强力意志的结果。他认为某“物”的整体和连贯性是由多个视角构成的。一个物体的整体性不是由实质或它的各个特征决定 142
的，意志解读这些特征，将它们联系在一起，并为他们的联系设定范围，这样，物体才存在。因为解读总会涉及多个力之间的竞争，物体形成的历史要求我们考虑包含和排除的原则，这些原则构建生命的各个形式。尼采的“谱系学”批评模式给自己明确的任务就是，将历史当做力和解读的运动来理解。

将物体看做是它所有结果的总和，这一观点也影响了美国诗人 T. S. 艾略特对文学“传统”的看法。艾略特认为，“传统”和“新”艺术作品之间的关系，不应该被理解为是两种确定的实体之间的有序关系：这两个术语的意义都是由定义他们的视角决定的。艾略特进一步认为，假设传统的“现存丰碑”(existing monuments)拥有不含视角的内在特征，他们为解读新事物提供了稳定不变的背景，这种观点是不对的(1951:15)。传统当然为理解新的艺术作品提供了背景，但这一背景在新事物引入的同时就发生了变化。新事物的意义在于它被创建的同时也创建着其他事物：新事物产生之后，为了保持秩序，艾略特总结道，“整个现有的秩序必须改变，即使只是轻微的改变：这样每一件艺术作品与整体之间的关系、比例和价值都会有所调整；这就是新旧之间的调和”(1951:15)。因此，传统艺术和新兴艺术的特征与他们的内部结构或本质并没有特定关系，相反，他们的特征取决于特定历史时期读者的品位与解读的标准。艾略特对文学传统的现代主义观点与尼采的一个著名论断不谋而合：“事物的特征即是它对其他‘事物’的影响：如果我们移除其他‘事物’，则我们所谈论的事物也就没有了特征，也就是说，事物不能脱离其他事物而存在，即，‘物自体’是不存在的”（1968：302）。

没有任何真理可以独立于解读而存在，这一论断遭到了两种反对。第一种认为将“真理”当做一种解读削弱了真理这一
143 概念。然而，尼采的重点不是“真理并不存在”：这种论断太过武断，也会使他陷入自我矛盾。相反，他认为，没有任何一个视角足够描述世界的全部，因为世界总是会根据不同生命形式的价值、利益和历史实践被重新解读。而且，总会有新的视角——比如微生物学、医学、量子力学等学科的发展——将我们对世界的理解转化为新的信念和价值。若要一种解读绝对地描述世界，则它必须承认世界独立于，且先于解释而存在。但这正是尼采否认的。这也不足以否认透视主义，因为对世界总有新的解读，每种观点都“只是”一种解读，因此具有不确定性。争论之所以存在，意味着确实存在独立于解读的一些确定的观点。然而，颇具影响力的尼采专家亚历山大·尼赫马斯（Alexander Nehamas）曾说，这不足以证明“所有观点都是解读”这一观点是错的，困难就在于创造一个独立于解读的观点：

> 所有观点都是解读，这一观点**可能**是错的；暂时还没有任何一个观点不是解读。说它可能是错的，并不是说它一定**就是**错的……也许并不是所有的观点都是解读。但是只有这样的观点被创造出来时，我们才能知道这一论断的对错。
>
> （1985：67）

第二种反对透视主义的观点是在第一种的基础上改进而来的。如果所有的事物都是视角，且强力意志是通过重新解读来体现的，那么我们不又倒退回那个笼统的、刻板的生命法则了吗，它重新提出的教条态度是尼采一直试图回避的。这个反对将尼采推向了尴尬的境地。然而，这不是逻辑上自相矛盾的问题，是在人们被迫用形而上的结构——将现实分割成主体与客体、物质与特性等二元对立的语言结构——来描述构成形而上概念的过程中，不可避免而产生的矛盾。从这个角度来讲，尼采也只能用语言来描述区别与重新解读之力，这个力将个体的结构变成存 144
在，并决定他们的秩序和层次。他唯一的解释就是认为，语言的结构不能够用来表达世界的多样性。因此，“在语言的限制之下不再去体验世界的时候，我们也就停止了思考”，但是同时我们也必须承认，这样的世界“在我们看来是符合逻辑的，因为是我们让它有逻辑”（1968：283）。我们也要清楚，尼采断言价值代表的是对生活主导性的解读，而它本身并不是绝对真理，这是天真的相对论思想。总是可能存在其他看待世界的视角，这一事实并不能证明每一个视角都同等重要。每一个视角都是对存在的一种解释，尼采断定最有力的视角会将被动的生命形式转化成主动的生命形式。视角的价值就是它所表现的强力意志的总量以及它所肯定的生命力量。总会存在对生命的另一种解读——贵族文化可能会被奴隶的道德反叛而取代——但是，这应该被看做是强力意志转向了狭隘和被动的方向。

力量、悲剧和肯定

从透视角度考察存在，会发现强力意志处于每一个概念、图像和生活条件的核心。这一观点使我们不再把强力意志看做是暴力统治的粗俗形象，而是存在状态和真理形式的体现。将“存在”和“真理”放在一起并不武断：尼采坚持将强力意志与他所谓的“真理意志”联系在一起，目的是强调他的论点，他认为“真理”描述的是对世界的重新解读和创造性的排序，而不是发现一系列“自然”事实。尼采在《强力意志》中提到，“真理不是客观存在的东西，不能被发现——它必须被创造出来，它命名一个过程，或者意志，来克服其本身的无穷性”（1968：298）。真理，实际上，就是“代表强力意志的词汇”。生命的力量越强大，它就越有能力将它的存在观下的“真理”强加于世（p. 299）。尼采所谓的“价值”，并不等同于客观或绝对真理：价值代表的是
145 某物在被转化成其他物体之前能吸收的“最大份额的力量”（p. 380）。在这个意义上，价值总是有被动的一面，因为他们是保存生命条件的途径。对真理形而上学的信念是巩固价值的基础，因为“真理”存在于力的量转化为道德和美德的质这一过程中。毕竟，使条件性价值成为权威最简单的方法，就是隐藏它出现的历史，并将自己展示为“人”的“特质”和永恒真理。

如果每一个价值都是不同视角竞争的结果，那么强力意志则必须构建主动和被动两种对世界的解释的基础。我们现在已经清楚，贵族存在所拥有的那种自发的、主动的自我肯定，表达的是前反思的强力意志，不过它后来被基督教和奴隶道德的“内疚”情绪重新解读了。但是，我们知道，尼采也把禁欲主义理想的被动发展标志为强力意志，它“源于堕落生活自我保护和治愈的本能，堕落生活为了维持自己、争取存在用尽了各种招数”（2000：93）。尼采苛责怜悯，因为它源自负面的强力意志：自怜是为了保护个体性格中本应加以克服的软弱特性，而怜悯他人则多少表现了傲慢的纡尊降贵，以及对自己高级权力的意

识。我们可以说负面的强力意志起源于来自力量的特定配置（其他人，国家，贵族文化等），然而对力量的正面体验则是用力量克服这些力，并将他们同化到自己的领域内。被动或主动存在都能体现强力意志：某一存在克服自己，在力量不均的情况下取得优势，而不是简单地作为一种堕落的生活方式而存在，这就是将被动变为主动的过程。正因如此，简单地把自主个人作为强力意志的最高体现，这是不对的；尼采提醒我们，个人只是“*强力意志最谦卑的阶段*”（1968：412）。自由和自我肯定只是自我克服的第一阶段，这一阶段制造了力量等级，更高类型也在此时出现：

> *我的想法的核心不是某人或其他人或所有人获得的自* 146
> *由的程度，而是某人应该向其他人或所有人展示的***力量***的程度，以及要以牺牲一些自由为代价，甚至是奴役他人，来奠定***高级类型***出现的基础。*
>
> （1968：458）

尼采认为，推崇自我克服和最强生命力的哲学，在对艺术的崇拜中到达顶点。他认为，艺术家是强力意志的终极体现者，因为“艺术”所体现是，它为了使自己的力量和权威最大化，用自己的视角创造世界观的力量。艺术因此具有了克服*无名怨愤*的潜力：无名怨愤是指弱者和被动的人生观认为所有比它强的力量都是邪恶的。从另外一个角度来看，接受强力意志就意味着肯定创造了地位和法律的整体的力量网，而不是接受固定僵化的位置，并试图打压所有新生力量。*无名怨愤*和强力意志之间的对比，是弗吉尼亚·伍尔夫（1882—1941）的小说《到灯塔去》

(*To the Lighthouse*, 1927)的核心主题。乍看之下,伍尔夫的小说好像表现的是*无名怨愤*成功地构建了和谐有序的世界观。《到灯塔去》展示了男性的理性和女性的想象力及直觉之间的对立关系,从而削弱了上述观点。理性的一面由哲学家拉姆齐先生和他的助手查尔斯·坦斯利代表,感性的一面则以印象派画家莉莉·布里斯科为代表。哲学,在伍尔夫的小说里,意味着男性完美的逻辑、理性和真理,这些思想被认为能够超越狭隘的"女性"世界,女性世界里充满了家庭琐事、多愁善感、智力平平,比如自我轻视的哲学家的妻子拉姆齐夫人的世界就是这样。坦斯利赞同男性之理性和成就的世界高于女性之情感和直觉的世界,他颇含轻蔑地说"女人不会写作,不会绘画",这就是说女性完全无法接近真理和理性(Woolf 1984:81)。从坦斯利贫瘠被动的人生观中,我们可以看到行动中的*无名怨愤*原则。对他来说,女人无法肯定生活,因为她们无法赋予生活以连贯性和逻辑秩序。她们因此否定生活,且必须通过能够从经验中提出理性秩序的(男性的)智力表达自己。因此人们普遍认为女性经
147 历是无形的、混乱的、毫无价值的;而这一被贬低了的形象反过来加强了男性思维中秩序和理性的优越性。

《到灯塔去》阐述了*无名怨愤*的原则,同时也表现了超越其狭隘界限的另外一种人生观。这个人生观与莉莉·布里斯科的艺术作品密切相关。坦斯利嘲笑她的绘画,莉莉作品的艺术特征,与他个人的世界观完全不相关,这使他不安。因为,莉莉的艺术观之所以与众不同,是因为她拒绝遵循男性的真理模式,将人生看做是逻辑、理性及体现,也拒绝接受女性将其解释成主观、直觉和体感。相反,她的作品所展现的是无关个人且自发的创造行为,将我们拉回到生命混沌、充满力的状态。她的作品并

没有体现自我或者力求展现非自我。它肯定了世界是由多种生成构成的,是没有形式的力量,这样的世界创造了每一个真理和价值。光的线条和生成的能量:这就是使她的艺术作品超越形式的“另外一个”现实:

> 她有一种奇怪的感觉,好像她被什么东西推着往前,但同时又将她拉回来;就这样,她画下了坚定的第一笔。刷子向下滑动。白色画布上留下了闪烁的棕色油彩;油彩太过浓重,顺着画布流下,形成了流痕。她又画了第二笔——第三笔。就这样随画随停,她竟有了舞蹈的节奏,好像停顿是节奏的一部分,而笔刷则是另一部分,所有的动作都息息相关;就这样,随着她轻盈的动作,画布上留下了棕色流动的线条,他们一沾上画布,便形成了一个空间(她感觉那空间笼罩着自己)。在一条波浪线的空白处,她看到了下一条波浪线高高叠起,高过了她自己。还有什么比那空间更令人敬畏呢?又来了,她想,向后退了一步,看着画,她远离了八卦,脱离了生活,中断了与人的交流,却独自面对她这令人敬畏的古老的敌人——这另外的东西,这真理,这现实,突然就抓住了她,从表象背后突兀的现身,并控制了她的注意力。
>
> (Woolf 1984:148)

用尼采哲学角度来看,艺术是我们所在世界所有真理的本质。
它是有意的创造,是将真理变成存在的自我意识的视角;它的力
量存在于创造概念的过程中,比如“身份”和“差异”,“存在”和 148
“生成”,“真理”和“表象”等,这些概念构建了对现实形而上学

的解读。尼采断定,“在‘思想’出现之前,一定先有‘发明’;相同情况,相同表象的构建一定早于对相同的认知”(1968:293)。然而,尼采认为,艺术的矛盾之处和艺术的力量在于,它不仅提供了一个创造性视角来整理概念思维,也提供了穿越真理和道德的力的体验。艺术的力量无法被它创造出来的概念完全体现出来;艺术比道德“更神圣”,比真理“更有价值”,因为它所展示的是,每一个真理都是一种解读,且没有任何一种解读可以充分的理解世界的全部(p.453)。将世界看作是强力意志的艺术作品,就意味着承认生命的核心之处有一个内在清晰的力量。从这一观点出发,尼采早期强调的“现实”和“表象”之间的区分本身就是被动思维模式的结果。假定世界只是表像,意味着其背后一定有一个更真实的世界。对尼采来说,表象这个概念的次要特性——认为世界显现在我们面前然后才有了价值——掩盖了产生视角的力。

> 表象世界,即,根据价值审视、排序、选择的世界,也就是说,这个世界是根据某一特定物种想保护和加强其力量的整体性观点显现出来的。
>
> 因此,视角决定“表象”的特征!就好像如果去除了视角,世界仍在!这样做也就消除了相对论!
>
> 每一个力的核心都有一个视角,适用于该力包含的所有内容,比如,它的价值系统,行为模式,反抗模式等。因此,“表象世界”就被简化成了一种特定的行为模式,由核心发散开来。
>
> 现在,不存在其他的行为模式;“世界”也只是一个代表所有这些行为之和的词语。现实正是由个体特定的行为

及被动反应构成的——谈论**表象**的依据消失了。

(1968:305)

尼采认为,为了像强力意志那样拥有体验世界的力量,我们必须悲观的看待生活。“悲剧”不是传统意义上的对悲惨命运的屈服;尼采后来较成熟的思想对此有清晰的阐释,以悲剧的方式生活,就是要拥有力量赋予构成生命形式的总体经济力量(the total economy of forces)一种解读。悲剧存在是一种积极的方式,因为它试图在善与恶这一被动区分之外,创造真理和价值。它也提供了最本质的肯定体验,因为它承认生活的每一个层次之间的相互联系,并创造了“对世界的绝对肯定”(1968:527)。这一悲剧生活观,将生活看作是一个动态的交互过程,它承认“错误”、幻觉和力是“真理”的前提条件,也看到了道德起源之处的残酷、暴力及痛苦。对于尼采来说,悲剧存在的“深刻性”在于它不用借助现有的道德体系,就可以肯定“大规模经济(large-scale economy),它为可怕的、邪恶的、令人质疑的东西辩护”(p. 451)。弱者本性摒弃主动的力量,它否认自己的强力意志,并在“道德社会秩序的胜利”之中寻求终极价值(p. 450)。相比之下,强大的悲剧本性可以通过区别主动和被动力量以及制造怜悯距离来创造价值。因此,作为一个具有创造性的自我构建的构成,悲剧是“酒神狂欢”的体验,也是对虚无主义情感的克服(p. 531)。 149

在尼采神志清醒的最后一年,他以笔记的形式总结了强力意志和悲剧主张,并将他们作为尼采哲学的最基本的问题:“灵魂能够承受多少真理,敢于追求多少真理?——这个问题对我来说变成了价值的真实标准”(1968:536)。想要回答这个问题的人必须先了解虚无主义——贬低所有现有价值——以便超越虚无主义,最后达到“酒神般肯定世界的本来面目,不筛选、没例外也不消除”。尼采将其思想比作“拿着锤头研究哲学”指的就是这个意思:发展一个“狂喜的虚无主义”,它可以克服虚无主义,推翻视人为罪恶和内疚生物的“道德”思想(p. 544)。尼采坚持将强力意志、永恒轮回和爱命运(amor fati)联系在一起,因为每一个都是力和生成的内在原则,他们反对在人生之外评
150 价人生的超验精神。尼采感叹道,“这个世界就是强力意志,且别无其他!”(p. 550)。关于强力意志的哲学解开了尼采在《瞧,这个人》结尾令人难以捉摸的论断:“我被理解了吗? 酒神对抗被钉在十字架上的人”(1992:104)。尼采越是认为强力意志是生活的悲剧哲学,是希腊“悲观力量”的回归,他就越是意识到基督,而非日神,才是酒神状态的对立面,酒神状态即是“对人生总体特性疯狂的肯定”(1968:539)。尼采在他最后的作品中提供了对强力意志最全面的衡量,即,肯定痛苦的悲剧价值,克服无名怨愤,以及被动的解读人生:

> 酒神对抗“被钉在十字架上的人”:这才是对立的双方。区别**不在于**他们的牺牲——而是他们的意义。人生本身,它永恒的成果和轮回,会产生折磨、毁灭、消亡的意愿。另一方面,痛苦——无辜的人被钉死在十字架上——是对这种人生的反对,是为之定罪的公式。问题是痛苦的意义:不管是从基督教义的角度还是从悲剧的角度理解。从基督教义的角度来看,痛苦是通向天堂的必经之路;从悲剧的角度来看,存在本身就**足够神圣**,任何痛苦在存在面前都不值一提。悲剧人对最难忍受的痛苦也欣然接受:他足够强壮、

富有、崇高，可以这样做。基督徒则否认世上哪怕是最幸福的事：他太软弱、贫穷、无力承担生活的痛苦。十字架上的神，是对生活的诅咒，是寻求救赎的路标；被切成碎片的酒神则是对生活的**期望**，它会不断的重生，并从毁灭中回归。

(1968:542-543)

小结 151

尼采的强力意志这一概念描述的是一个内在于生活的原则，而不是像超验理性那样高于生活超越生活的形而上学的概念。它认为所有的生活，不光人类生活，都是追求权力的整体。强力意志推出了与人无关的创造原则，它既是构成人类生活的因素同时也超越人类生活，这就将我们从只能用拟人术语来表述存在这一局限中解脱了出来。所有的生活都是连续的，是由与人无关的强力意志创造出来的，人的意识和身份只是它的效果之一。生活的目标既不是自我保护，也不是道德和精神启蒙，而是增加权力追求统治地位。强力意志解读生活的方式就是辨认不同生命形式之间力量的等级关系，并判断一个力如何才能战胜另一个力。力量等级是由生活视角相互之间的统治地位决定的，它是每一个“真理”和“价值”形成的基础。在视角的等级背后，没有“真实的”世界；强力意志是构成每一个生命层次的创造力量。自然地，解读与追求统治之间的矛盾就变成了我们体验存在的基础。

尼采之后

虽然尼采在世时他的思想相对来说颇受冷落,可是最近一百年多年却越来越受到世人瞩目。尤其是第二次世界大战之后,法国人重新发掘了他的作品,随后涌现出了尼采研究的浪潮。尼采的遗作深刻又充满争议,考虑到他对政治、道德、艺术和文化的激烈论断,这也并不让人意外。尼采研究者将尼采的名字与纳粹主义的政治绑在一起,已长达半个世纪之久。他对政治的看法至今仍会导致激烈的辩论。同时,他的思想也影响了很多学科,比如美学、文学、伦理学、政治和社会理论、历史与心理学,等等。现在看来他的影响实在是太广泛了,若想谈论人类的意义,不提到尼采的名字是不可能的。本章作为结论,我们将会探讨尼采的作品是如何影响上述几个学科的,主要介绍他的思想对艺术家和思想家的影响。

尼采的影响

早期旨在向公众介绍尼采作品的最重要的两本书,一本是露·莎乐美(Lou Salome)写的《弗里德里希·尼采:尼采及其著

作》(*Friedrich Nietzsche: The Man in His Work*,1894),另一本是伊
154 丽莎白·福斯特-尼采(Elizabeth Förster-Nietzsche)写的两卷的《弗里德里希·尼采的一生》(*The Life of Friedrich Nietzsche*, 1895, 1897)。露·莎乐美(1861—1937)是一位学者、诗人、自由思想家,尼采曾为她痴迷,但他在1882年向她求婚时却遭到了拒绝。莎乐美的书强调两个主题:尼采作品风格的重要性(包括他使用格言体,表达多种意见,采用不同叙事视角等)以及尼采的身心健康与他的思想之间的关系。莎乐美的这些观点后来被当做批评尼采的材料,莎乐美对第二个主题大量的叙述,确实也给大众造成了一种印象,即尼采是个神经质的颓废天才。当然,尼采的这个形象遭到了伊丽莎白·福斯特-尼采的强烈反对,她一直就对莎乐美充满嫉妒,主要原因就是尼采对莎乐美的爱意。伊丽莎白描写的尼采是一个健康、外向、理智且勇于冒险的思想家,他的哲学思想系统连贯。伊丽莎白真正的重要性,是尼采在1889年精神崩溃之后,她对尼采作品的控制。她在1895年取得了尼采全部文学作品的法律权利,并用这个权威重新整理了尼采未出版的笔记,将其命名为《强力意志》作为尼采的新作(这本书在1901年首次出版于德国,后在1906年大批量出版了增补版)。《强力意志》出版之后,对尼采的名声影响极大,书名选择性地强调“意志”和“强力”,确实在20世纪的前五十年巩固了暴力的形象。这本书所带来的影响是有问题的,有两个原因:一是尼采没有看到这本“书”出版——它所含的不过是他可能摒弃的大量笔记而已——因此它的真实性备受学者争议;二是书中选择出版的笔记,刻意用强力意志和永恒轮回的原则整合尼采的哲学思想,而他的其他著作是在更大的环境中使用这些概念对价值进行重估的。

早期对尼采的解读以及发表《强力意志》的结果是，尼采在大众心中的形象是“极端”、“文学主义”的哲学家，他的作品代表着对19世纪末期资本主义和基督文化的革命性挑战。这一
明显的浪漫主义形象解释了为什么最先接受尼采哲学的是艺术 155
家群体而不是哲学家群体。他的作品对“文学现代主义”运动影响颇深。最著名的例子就是，W. B. 叶芝（W. B. Yeats，1865—1939）、D. H. 劳伦斯（D. H. Lawrence，1885—1930）及托马斯·曼（Thomas Mann，1875—1955）的作品里面都渗透着尼采对文化、艺术和价值的思考，而乔治·萧伯纳在他的1903年的戏剧《人与超人》（*Man and Superman*）中则对尼采的“超人”概念进行了反讽改编。

第一本对尼采的作品进行哲学思考的主要著作是1935年出版的《尼采:其人其说》（*Nietzsche: An Introduction to the Understanding of his Philosophical Activity*），作者是卡尔·雅斯贝尔斯（Karl Jaspers，1883—1969）。雅斯贝尔斯的这本书主要侧重尼采对道德及“人”的意义的重新解读。马丁·海德格尔（Martin Heidegger，1889—1976）随后发表了四卷《尼采》（海德格尔的讲义，发表于1961年），他在解读尼采的同时也对西方哲学传统发起了攻击。海德格尔对尼采的解读主要依赖于《强力意志》一书，他认为尼采将生命看做是力量和意志，绝不是激进地反对形而上学的策略。尼采将生命看做是权力，并试图用这一原则解释所有的概念，这样做只不过是重复了形而上学的做法，将存在简化成我们所拥有的想法。海德格尔认为，我们应该重新思考我们何以了解或揭开生命的奥秘。海德格尔跟尼采一样，与纳粹有扯不清的关系，尼采将一切都简化为生命，而海德格尔认为只有国家社会主义才能将德国人的思想解放出来。

海德格尔对尼采的解读影响了战后法国。在法国，尼采思想被重新解读，这就是著名的“新尼采主义”(the New Nietzsche)。法国的尼采主义者反对海德格尔将尼采看做是形而上学家(metaphysician)，他们更多的侧重于尼采作品的风格及文学价值。1960 年之后，涌现了一大批解读尼采的重要作品，最著名的包括吉尔·德勒兹的《尼采与哲学》(*Nietzsche and Philosophy*, 1962)，米歇尔·福柯的论文《尼采、谱系学、历史》(Nietzsche, Genealogy, History,1971)，雅克·德里达的《马刺》(*Spurs*,1978)，以及萨拉·考夫曼(Sarah Kofman)的《尼采与隐
156 喻》(*Nietzsche and Metaphor*,1978)。这些作品不仅本身就很重要，他们也展现出尼采对当代历史、权力理论和哲学领域“解构主义”的影响。

艺术

尼采的作品对现代文学有着广泛的影响，主要体现在托马斯·曼、D. H. 劳伦斯和 W. B. 叶芝的作品当中。曼的中篇小说《威尼斯之死》(*Death in Venice*, 1912)借用尼采的日神与酒神的关系，审视了艺术家在现代文化中的作用。小说主角，作家古斯塔夫·冯·阿申巴赫(Gustav Von Ashenbach)是现代德国最著名的编年史家。然而，因为他崇尚日神的形式、秩序和道德，轻视酒神的神秘、性欲及激情等元素，阿申巴赫的艺术最后变得空洞无物。阿申巴赫辞掉了他在资本主义社会中的稳固地位，来到威尼斯，不可救药地爱上了波兰美少年达秋，在这个故事中，曼与尼采的思想一致，认为现代艺术和文化应该找到生命的原始神秘力量和美学结构之间的有效关系，这样才使我们能够体验这些力量，又不致被他们毁掉。

D. H. 劳伦斯的中篇小说《瓢虫》(*The Ladybird*, 1923)同样利用了日神与酒神之间的辩证关系。小说讲的是一位英国贵族,达芙妮·贝弗利奇夫人与囚禁在英国的战犯波西米亚人约翰·迪奥尼斯·普萨内克伯爵之间的关系。在遇见迪奥尼斯伯爵之前,达芙妮万念俱灰;她的生活只剩下空洞的遵守社会传统和基督道德。她代表的是日神理想与酒神的激情和活力脱离之后的堕落:"她好奇、烦乱的眼神透露出她内心堆积的狂野能量"(Lawrence 1985:13)。这个能量被酒神力量的代表迪奥尼斯伯爵释放出来了,伯爵身上所散发出来的黑暗、肉欲、原始的活力撼动了达芙妮的世界。迪奥尼斯期望出现一个"毁灭之神",将他所见的现代资本主义贫瘠的平等主义思想扫荡一空,并赋予贵族权力,使他们有能力"去选择,去命令"(1985:42,59)。在劳伦斯笔下,日神形式与酒神能量的分离,使得生命不
得不屈从于过时的社会规范和价值,只有当公众道德再次与酒 157
神的转型力量相遇时,才能孕育新的生命形式。

W. B. 叶芝的启示诗《二次圣临》(*The Second Coming*, 1921)中也有尼采的影子。诗中,整个西方基督传统的"核心""无法维持","无政府状态笼罩了世界"。《二次圣临》讲述的是现代西方文化可怕的虚无主义思想:将传统道德和精神价值贬低到一无是处,却又找不到任何可以替代的思想。叶芝在诗的开篇,描绘历史"不断扩大的漩涡"的形象,以此强调虚无主义这一主题。叶芝认为,历史是由基本对立的力量构成的:西方文化即将进入千禧年的时候,另一个历史的循环也将要开始,这里基督价值将毫无意义。这即将到来的时代使现代文化消融,"最好的不再有信服力,而最差的,则充满激情"(1975:100)。《二次圣临》的结尾塑造了反基督的"野兽"形象,它半人半兽,

垂头丧气地走向伯利恒，等待重生。诗中充满了暴力的象征，因为我们的道德和精神价值正在发生质变，强力和创造精神尚未赋予它秩序。追随着尼采思想，叶芝认为，现代历史所需要的，正是一种能够创造新形式、新价值，改变当代生活状况的理想文化。叶芝的其他作品中也体现了尼采思想，比如《在学童中间》(Among School Children)，诗中的问题“我们如何能在舞蹈中辨别出舞者?”正是尼采拒绝将“施动者”和“事件”分离开来的思想。

反思历史

在文学研究和文化理论方面越来越重要的“新历史主义”(new historicism)之中，尼采的影响也显而易见。新历史主义作家，如斯蒂芬·格林布莱特(Stephen Greenblatt)，路易·蒙特罗斯(Louis Montrose)，克莉丝汀·加拉赫(Christine Gallacher)提出了新的解读特定文本——文艺复兴戏剧，游记，医学文档等——与他们的历史背景之间关系的方法，这个新方法的提出主
158 要得益于尼采的谱系批评，尼采的影响在法国哲学家米歇尔·福柯(1926—1984)的作品里尤为突出。跟尼采一样，新历史主义作家反对文本和事件发生的历史背景是稳定前进的。历史主义思想家解读历史事件的方法，也许是将其放在特定历史时期或社会制度的“世界观”或“意识形态”之下；而“新”历史主义则首先关注具体的历史现象，然后才将其划归为“16 世纪历史”或“文艺复兴文化”等类别当中。格林布莱特分析文艺复兴文化(1992)，运用的材料就是看似不值一提的杂文趣事和口头叙事，而不是公开发表的材料。他所考察的是英国文艺复兴时期的历史，主要是不同形式历史文本之间不连续甚至是对立的关系，包括：法庭裁决，

教堂祈祷文,神话和民间故事,法律知识,喜剧演出纪实等——目的就是探讨历史文本和历史背景的界限之所以产生且合理化的途径。新历史主义强调历史叙事的多元性、特别性及偶然性,这样做修正了对意识形态和历史时期的单一看法,同时强调现在对决定历史意义的建设性作用。新历史主义作家断言,自我构建是强力的作用,这也引用了尼采的思想。他们的作品中,身份这一概念,不是内在形而上学本质的反映,而是由外部偶然的事件所决定的,比如衣着,语言以及体态及礼仪等。

尼采之后的哲学

尼采的哲学也影响了欧陆哲学,主要体现在“存在主义”哲学运动上,这场运动的核心人物之一就是法国哲学家让-保罗·萨特(1905—1980)。存在主义最主要的信条之一就是“存在先于本质”。萨特认为,人生于无神的世界,缺乏神灵的指导和救赎的希望。因为人类生活缺乏超验价值和道德框架,他认为人类
存在的目的就是要主动创建价值,并发展一种能不断重新定义人 159
的意义的生活方式和思维方式。从阿尔及利亚哲学家雅克·德里达的作品之中也可以看出尼采的影响。德里达是“后结构主义”与“解构主义”的代表,他受尼采影响,认为哲学概念是力与差异运动的结果。例如,德里达在《书写与差异》(*Writing and Difference*, 1978)中的几篇文章里,质疑了由语言学家费迪南德·德·索绪尔(Ferdinand de Saussure, 1857—1913)创建的“结构主义”分析方法,该方法试图脱离以“人”或具有目的性的个人意识的主体为核心的意义和知识理论,取而代之的是语言、符号和概念,这些赋予人类语言以意义的结构。德里达受尼采影响之处,在于他强调不同的力——时间与空间的延迟,德里达将其

命名为“延异”(differance)——这些力量即是结构的组成部分，同时也超越了任何一个“封闭的”结构。德里达认为，隐喻的使用总会使文本产生多种解读，也是受了尼采对隐喻和概念性的论断的影响，这一观点后来证明对文学和文化研究的影响非常深远。研究语言和概念性的解构主义方法后来成为“耶鲁学院派”文学批评的灵感来源。耶鲁学院派最著名的成员之一，保罗·德曼(Paul de Man, 1919—1983)在《阅读的寓言：卢梭、尼采、里尔克和普鲁斯特作品中的隐喻》(*Allegories of Reading: Figural Language in Rousseau, Nietzsche, Rilke and Proust*, 1979)中，有三篇文章用解构主义方法解读《悲剧的诞生》。

尼采思想同时也对法国哲学家吉尔·德勒兹(Gilles Deleuze, 1925—1995)的作品起到了关键影响。德勒兹与尼采一样，认为哲学活动创造概念。德勒兹主张，思维的问题在于它想超越物质而存在：将一切都归因于一个理想的外在生命(比如“上帝”或“道德”个体)，由他来决定生命的目标和价值。德勒兹反对这一思想，他试图超越我们对超然概念的执著，在更大的生成运动中寻找构成生命的思想。因此他的重点是差异的不同形式——例如语言、历史事件、社会形式、基因发展与变异等——他认为这些是先于思想而存在的，也是思想存在的前提。
160 受尼采影响，德勒兹创造了情感(affect)这一概念(我们的感觉、情绪及欲望)来反思当代政治的意义与功能。德勒兹认为，当代政治的决定因素是意识形态，以及作为自我意识与理性代表之间进行有意义交换的“政治”这一概念。在这个模型中，“意识形态”和“政治”都是强加于社会和政治个人身上且限制其身份的结构。因此，不断投资于有效的市场资本才是“优秀的”员工，遵守服饰、外形、品位、语言等规范才是“有女人味”的女人，严格服从基督教义才能成为“受人尊敬的”个人。然而，德勒兹否认意识形态决定社会规范的假设，他强调我们的政治观点、意识形态和主观性是由一系列与人无关的风格和活动所决定的。德勒兹认为，在理性或政治决定产生之前，必然存在一个无意识的积极的道德形象和风格。我们寄希望于这一道德形象，期待它变成人生的道德依据。因此，寄希望于神父，就等同于寄希望于银行家、警察、士兵和商人（Deleuze and Guattari 1984：97）。我们所谓的“意识形态”和“政治”就是由这些带有感情的希望构成的，他们反过来又变成了秩序和控制的依据。

女权主义

尼采哲学对女权主义也有明显影响，这么说读者可能会觉得奇怪，尤其是他多次表示了对女性的蔑视，比如《查拉图斯特拉如是说》里面那臭名昭著的一句，“你要去见女人吗？不要忘记带上你的鞭子”（1969：93）。然而，尼采对价值重估的几个关键元素，深刻地影响着女权主义对父权的批评。尼采强调价值的历史成分，他将主体性看做是强力意志的体现，这为女权主义思想家提供了可利用的背景，她们的目的就是揭露父权制度是一个政治和文化结构而不是对生物级别中立的描述（Gross，in Patton 1993：54）。尼采为了推翻推理的形而上学语法，开创了一种新的写作风格，也被女权主义者用来反抗父权制度赋予男
性的逻辑推理能力。尼采认为每一个文化和哲学文本都代表特 161
定生命视角下的强力意志，女权主义作家沿用这一观点，她们认为，把女性与物质性、无理性和感官性联系起来都是对存在的历史解读，而这种解读漏洞百出，需要修改（Irigaray 1991；Kofman 1993）。尼采的无名怨愤理论也被女权主义者运用起来，她们批

评大众将女权主义的一些做法扭曲成强力意志的负面形式。因此,澳大利亚当代哲学家马里昂·塔珀(Marion Tapper)断言,太多女权主义理论和做法已经从对特定不公平和歧视事件的分析,转向更宽广的,对男权主义和“西方理性”的广泛批评。塔珀将这类做法归类为经典*无名怨愤*:它保守且不断扩张(总是在寻找新的不公平);沉迷于在语言、文化和社会本质中寻找“邪恶”;只关心被动权力观,即统治权力(Tapper, in Patton 1993:134)。

尼采对当代思想的影响与日俱增,尤其是20世纪七八十年代,法国后结构主义的作品开始被翻译成英文之后。1985年《新尼采》(*The New Nietzsche*, 1985)出版之后,对尼采思想的接受程度达到了高潮。该书选录了研究尼采思想的颇具影响力的论文。后现代主义承认受到了尼采的广泛影响,强调不存在能够解释或组织体验的单一结构,不过主要的后现代主义思想家对尼采的态度也褒贬不一。一方面,以雅克·德里达(Jacques Derrida)、米歇尔·福柯(Michel Foucault)、吉尔·德勒兹(Gilles Deleuze)、露丝·伊利格瑞(Luce Irigaray)为代表的作家,继承并进一步强化了尼采对“人”的攻击。另一方面,这些作家也意识到必须要超越尼采。德里达的《马刺》(*Spurs*, 1979),福柯的《事物的秩序》(*The Order of Things*,1992),伊利格瑞的《海上恋人》(*Marine Lover*,1991)及德勒兹的《差异与重复》(*Difference and Repetition*,1994)都强调尼采的“影响”超越了尼采作品中明确提出的主题,促使人们对*如何*思考这一问题进行激烈探讨。因为尼采的思想涉及很多核心,比如权力与责任,主体性的本质,道德的目标与价值,现代性的发展方向与“人”的意义。随着个体与世界之间的关系不断发展,尼采思想也将继续对后世产生持久的影响。

进阶阅读书目

弗里德里希・尼采的作品

本书讨论的所有尼采的著作都有英文译本。很多学生最先了解尼采都是他由那些“备受诽谤”的作品,例如:《善恶的彼岸》、《道德的谱系》和《偶像的黄昏》。但是对于首次接触尼采思想的人来说,这些也是首选作品,它们不仅涵盖了尼采思想最重要的几个主题,也能够表现尼采作品令人震惊及充满挑衅性的特点。与尼采哲学类似,这些作品复杂、晦涩难懂,但是也包含了很多辩论性的段落,使读者能够知道为什么尼采主张“无关道德的”及“贵族”思维方式。读完这些作品,了解了尼采最具影响力的观点之后,就可以返回阅读他早期的作品。通过这些早期作品,你将会准确地知道尼采思想反对的是什么以及为什么尼采认为他的“学术反叛”必要且有价值。当然,《悲剧的诞生》的文本看上去有些怪异、令人迷惑,一定要在读过他后期作品之后才能够更好的理解。尼采后期作品开始采用格言式语言,熟悉了这一风格,再读《不合时宜的考察》、《人性的,太人性的》、《朝霞》和《快乐的科学》(包含“永恒轮回”和“上帝之死”的神秘思想)也就变得容易多了。读过以上作品,就可以研究《查拉图斯特拉如是说》。这本书并不比尼采其他作品难度更
164 大,但是它使用寓言体来写作,容易令人厌烦,除非读者已经非常熟悉尼采的主要思想了。尼采的自传《瞧,这个人》具有指导性、趣味性,却也令人不安。这本书是尼采在精神崩溃之前的最后一部作品,字里行间已经显露出他精神衰退的迹象,因此,阅读这本书的目的应该是寻找其中的亮点,而不是把它作为对尼采总体思想权威性的判断。《强力意志》这部作品也要谨慎对待,因为它包含了尼采未出版(甚至是弃用)的笔记。由于这个缘故,书中内容不可避免地缺乏叙述的连贯性,该作品只适合已经阅读过并理解了大部分尼采已出版的作品并且想要了解更多关于尼采工作方式的读者。

下列尼采的著作是按照原著出版时间进行排序。对于那些未出版的作品,以作品完成的时间为准。这样的排序方式是为了方便读者了解尼采的写作生涯。罗列的作品原著都是以德文出版的。此处列出的出版信息是读者很可能会查阅的英文版,因此有些作品前面有两个日期。尼采在世时出版的作品,方括号中的时间就是原著出版时间,而其他信息是英文译本的信息。尼采在世时没有出版的作品,只给出英文版本的信息,但偶尔也会给出一些原著创作的时间以及内容简介,以便读者参考。

[1872] (1993) *The Birth of Tragedy*, trans. Shaun Whiteside, Harmondsworth: Penguin.

《悲剧的诞生》(*The Birth of Tragedy*)。《悲剧的诞生》是哲学家尼采于 1872 年出版的作品,是尼采的处女作。书中探讨了

古希腊悲剧的起源及兴衰。尼采也在此书中对道德思想和非道德的生活方式进行了思考。

[1873] (1999) 'On Truth and Lying in a Non-Moral Sense', in *The Birth of Tragedy and Other Writings*, trans. Ronald Spiers, Cambridge: Cambridge University Press.

《无关道德意义的真理与谎言》(On Truth and Lying in a Non-Moral Sense)。尼采于 1873 年完成了未出版的论文《无关道德意义的真理与谎言》,该著作主要论述了尼采对于真理的 165
历史起源及其功能的分析,极具争议性,也很有影响力。尼采认为随着人类文明和社会的发展,人们逐渐遗忘了隐喻是真理的起源,而正是隐喻将拟人化的价值和观点付诸于生活。尽管这本书经常被引用,但是通常很难找到原本。剑桥大学出版的论著,是获得该著作完整内容最容易的版本。

[1873-5] (1997c) *Untimely Meditations*, trans. R. J. Hollingdale, Cambridge: Cambridge University Press.

《不合时宜的考察》(*Untimely Meditations*)。《不合时宜的考察》包括四部作品:《自白者和作家戴维·施特劳斯》、《历史对于人生的利弊》、《教育家的叔本华》、《瓦格纳在拜洛伊特》。这些作品展示了尼采早期对于现代德国文化、道德和历史认识的批判,并且探究了他与哲学家叔本华和作曲家理查德·瓦格纳的关系。现在这四部作品不是很受关注,但是它们对于理解尼采对历史、传统、艺术和文化的观点是不可或缺的。在第二部作品《历史对于人生的利弊》中,有尼采最早关于历史意识和后来他定义为谱系思考方式之间的区别的反思。

[Unpublished in Nietzsche's lifetime] (1997b) *Philosophy and Truth: Selections from Nietzsche's Notebooks of the Early 1870s*, ed.

and trans. Daniel Breazeale, Atlantic Highlands, NJ: Humanities Press.

《哲学和真理:尼采1870年代早期笔记选》(*Philosophy and Truth*: *Selections from Nietzsche's Notebooks of the Early 1870s*)。收集了1872年到1876年间,在《悲剧的诞生》之后的尼采手稿。所选手稿与《不合时宜的考察》为同一时期作品。这些作品探究了尼采对于哲学、文化和希腊的看法。

[1879] (1984) *Human*, *All Too Human*, trans. Marion Feber and Stephen, Lehmann, Harmondsworth: Penguin.

《人性的,太人性的》(*Human*, *All Too Human*)。本书收录大量格言,打破了尼采早期作品中有关隐喻的假设,并开始介绍一些尼采哲学最突出的主题,比如,强力意志、贵族文化、奴隶本性及对真理的批评等。本书是尼采首次采用格言体写作。读者可从本书中看出尼采后期成熟作品的语言风格,书中也呈现了有关视角及观点等挑战他之前假设的论断。本书发人深省,是尼采思想的一个缩影。

166 [1881] (1997a) *Daybreak*: *Thoughts on the Prejudices of Morality*, trans. R.J. Hollingdale, Cambridge: Cambridge University Press.

《朝霞:关于道德偏见的思考》(*Daybreak*: *Thoughts on the Prejudices of Morality*)。《朝霞》抨击从康德到叔本华期间哲学的道德命题及偏见,标志着尼采向着重估一切价值迈出的决定性一步。

[1882] (1974) *The Gay Science*: *With a Prelude in Rhymes and an Appendix of Songs*, trans. Walter Kaufmann, New York: Vintage.

《快乐的科学》(*The Gay Science*: *With a Prelude in Rhymes and an Appendix of Songs*)。《快乐的科学》一直以来都被认为是尼采最重要的一部作品。本书共五卷,包含四百多条格言,反对用道德方式解释存在，同时尼采也试图对所有价值进行重新评估。文本内容广泛，具有一定难度，但同时也充满趣味性，能够吸引读者，多用口语化语言。书中还明确阐述了尼采哲学的范围和目标，因为尼采在此强调，希腊哲学探索何为“有意义的人生”，而这正是尼采哲学的基础。尼采认为，我们可以通过思考力量、意志及肯定等概念来重新评估“有意义的人生”这个概念。本书也包含尼采的“永恒轮回”概念，它在尼采随后的著作中非常重要。

[1885] (1969) *Thus Spoke Zarathustra*, trans. R. J. Hollingdale, Harmondsworth: Penguin.

《查拉图斯特拉如是说》(*Thus Spoke Zarathustra*)。《查拉图斯特拉如是说》是尼采著作中最神秘的一本。本书包含尼采最常被误解的“超人”概念，即本书第 6 章的内容。尼采在书中采用寓言体写作，而不是早期的哲学格言形式，这种形式更吸引读者，因此很多读者最开始阅读尼采的作品都是从这本书开始。然而，查拉图斯特拉的教义包含很多尼采早期的概念。因此，最好先熟悉尼采早期作品，再回头阅读本书。本书的核心思想包括，贵族生活方式对于那些可以肯定自己的强力意志的自由灵魂是可能的；热爱命运；永恒轮回；对当代道德的虚无主义的挑战等。

[1886] (1990a) *Beyond Good and Evil*: *Prelude to a Philosophy of* 167
the Future, trans R. J. Hollingdale, Harmondsworth: Penguin.

《善恶的彼岸》(*Beyond Good and Evil*: *Prelude to a Philosophy of the Future*)。这是尼采最具影响力的作品之一，也是历史上最著名的哲学文本之一。很多读者阅读此书的目的可能只是想感受一下尼采作品的挑战性，以及他对传统哲学及道德假设的敌对态度。然而,因为《善恶的彼岸》中包含很多尼采哲学绝对核心的概念,读者可能会重复翻阅此书。重点的几个篇章,包括“论哲学家的偏见”、“自由精神”,“论道德的自然历史”及“何为高贵?”。尼采在上述篇章中论述了强力、创造性文化的兴衰、真理意志及道德观的历史,他认为,贵族生活方式能够超越善与恶的界限。这是一本重量级的著作。

[1887] (2000) *On the Genealogy of Morality*: *A Polemic*, trans. Carol Diethe, Cambridge: Cambridge University Press.

《道德的谱系》(*On the Genealogy of Morality*: *A Polemic*)。本书与《善恶的彼岸》具有同等地位。是尼采政治和伦理理论的代表作。虽然书的内容比较难,但是因为这本书是论文形式,因此作者花费了不少笔墨慢慢提出并解释书中的核心概念。《道德的谱系》包含三篇文章,分别考察了“善”、“恶”、“公正”、“法律”、“责任”、“良知”等基础概念的历史发展。书中也有对主人道德、奴隶道德、*无名怨愤*及真理意志的讨论。三篇文章强有力地评析了我们的道德概念系统,是理解尼采哲学不可或缺的一部论著。

[1889/1894] (1990b) *Twilight of the Idols/The Antichrist*, trans. R. J. Hollingdale, Harmondsworth: Penguin.

《偶像的黄昏》/《反基督》(*Twilight of the Idols/The Antichrist*)。同《善恶的彼岸》一样,本书可作为尼采思想的入门读物。尼采在此概括总结了他对当时的流行思想的抨击。《偶像的黄昏》只有百余页,却提纲挈领地介绍了尼采对道德、语言、自由意志等概念的观点,他对“形而上学”思想起源的思考,他
168 与西方主要思想家的关系等。《反基督》代表尼采对基督教义的批判,他认为基督教义代表的是*无名怨愤*以及奴隶道德否定

生活的表达方式。《反基督》可与《道德的谱系》中第三篇文章一起阅读，其中对这些概念有比较详细的论述。《偶像的黄昏》及《反基督》可读性高，读者可以感受尼采好辩的写作风格。

[Unpublished in Nietzsche's lifetime] (1992) *Ecce Homo*, trans. R. J. Hollingdale, Harmondsworth: Penguin.

《瞧，这个人》(*Ecce Homo*)。《瞧，这个人》写于1888年，尼采精神尚好的最后几个星期，他死后于1908年出版。这是尼采的自传，可读性很高，书中重复了尼采哲学中的几个核心主题。尼采着重强调了三个主题：他的哲学是悲剧哲学；他对所有价值重新评价的重要性；以及酒神最终战胜基督教义及形而上学主义。因为尼采在《瞧，这个人》中用他之前作品的书名作为章节名称，很多读者会轻率地认为书中的文字是尼采对其所有重要思想的重申及解释。这个假设不完全成立。《瞧，这个人》中只是选择性地介绍了尼采的职业生涯，已有迹象表明他的精神处在崩溃的边缘。尼采的自传包含很多惊人的想法，但是我们更应该去阅读此书中提到的他之前的作品，以便更准确地掌握尼采的真实想法。

[Unpublished in Nietzsche's lifetime] (1968) *The Will To Power*, trans. Walter Kaufmann and R. J. Hollingdale, New York: Vintage.

《强力意志》(*The Will To Power*)。《强力意志》为尼采死后由其妹伊丽莎白整理其生前笔记编成。笔记内容包括对欧洲文化的虚无主义的思考，尼采对道德和形而上学价值的批评，他将强力意志作为最基本的生命运动的理论，以及他用贵族方式解读强弱两种生存方式的关系等。这些笔记一直是学术界激烈辩论的话题，而尼采本人在生前没能看到笔记出版，这些事实，读者都要加以考虑。《强力意志》第一版于1900年由伊丽莎白出版,1906 年再版了增补版。

169 有关尼采的作品

20 世纪中叶以来,出版了大量关于尼采思想的著作。下面列出作者精选的节目,包括一些颇为实用的入门读物,以及对尼采思想的传播起到推动作用的较为深刻的文章。版本信息之后的评论,为读者简明扼要的介绍了该书的重点以及文本的难易程度。

Allison, David (ed.) (1985) *The New Nietzsche*, *Cambridge*, Mass.: MIT Press.

《新尼采》(*The New Nietzsche*)。本书收录了著名思想家马丁·海德格尔、雅克·德里达、吉尔·德勒兹及莫里斯·布朗肖论述尼采思想的作品,是一本非常重要的介绍尼采思想的著作,内容也有一定难度和挑战性。这些作品认为尼采对欧洲哲学界的巨大影响,为尼采思想的广泛传播做出了卓越贡献。该书讨论了尼采的核心思想,例如:强力意志、虚无主义、超人学说和永恒轮回。通过这个选集,可以对尼采有个很好的了解。

Ansell-Pearson, Keith (1994) *An Introduction to Nietzsche as a Political Thinker*, Cambridge: Cambridge University Press.

《作为政治思想家的尼采导论》(*An Introduction to Nietzsche as a Political Thinker*)。这本书出色、清晰且全面地介绍了尼采的政治思想。安塞尔—皮尔逊用简明的方式,讨论了尼采与古典文化和现代政治传统的关系。这使不太了解尼采作品的读者也能够阅读并理解此书。书中还介绍了尼采的风格,并且解释了尼采的核心思想,例如:谱系学说和超人学说。这是一本不错的研究尼采政治哲学的入门书。

Conway, Daniel W. (1997) *Nietzsche and the Political*, London: Routledge.

《尼采与政治》(*Nietzsche and the Political*)。此书清晰地阐明了尼采的政治思想和尼采对现代性的评判,本书与安塞尔—皮尔逊的作品一同被认为是介绍尼采政治思想的最优秀的著作。本书贵在能够在恰当的历史环境下解读尼采的作品,并对尼采作品的关键段落提供详实的解释。

Deleuze, Gilles (1983) [1962] *Nietzsche and Philosophy*, trans Hugh 170
Tomlinson, London: Athlone.

《尼采与哲学》(*Nietzsche and Philosophy*)。本书将尼采看做是用反辩证法思考意志、力量和轮回的思想家,书中充满复杂的哲学思想,对读者要求颇高。德勒兹在书中对尼采的核心思想,如:谱系学说、主动与被动力量、*无名怨愤*与自我克服等概念进行了原创性的解读。《尼采与哲学》是近些年关于尼采的最具影响的读物,对尼采非常了解的读者可以尝试阅读此书。

De Man, Paul (1979) *Allegories of Reading*: *Figural Language in Rousseau*, *Nietzsche*, *Rilke and Proust*, New Haven: Yale University Press.

《阅读的寓言:卢梭、尼采、里尔克和普鲁斯特作品中的隐喻》(*Allegories of Reading*: *Figural Language in Rousseau*, *Nietzsche*, *Rilke and Proust*)。这是一本颇具影响力的、难度也相当大的,对尼采的修辞法进行解读的作品。德·曼用解构方法分析了尼采所运用隐喻达到的效果,而没有简单地描述概念的“真正”起源。书中包含后结构主义哲学知识,并不适合普通读者阅读。

Derrida, Jacques (1979) *Spurs*: *Nietzsche's Styles*, trans. Barbara Harlow,Chicago: University of Chicago Press.

《马刺:尼采的风格》(*Spurs*: *Nietzsche's Styles*)。此书用解构主义方式分析尼采的哲学风格及其著作的美学特征。德里达特别强调了尼采哲学的隐喻特征以及不同层次生命形式中强力意志的隐形表达。书中介绍了一些德里达自己的哲学观点,以便于更好的理解他所做的论断。

Foucault, Michel (1991) 'Nietzsche, Genealogy, History', trans. Donald F. Bouchard and Sherry Simon, in *The Foucault Reader*: *An Introduction to Foucault's Thought*, ed. Paul Rabinow, Harmondsworth: Penguin.

《尼采,谱系学,历史学》(Nietzsche, Genealogy, History)。此文分析了尼采的谱系批评学说,颇具影响力。20 世纪 60 和 70 年代尼采研究重新掀起高潮,福柯起到了关键作用。此文考察了尼采对于力量、强力意志及视角的观点,并且探究了尼采摒弃历史目的论所带来的影响。福柯的论述中有一部分是比较有难度的,不过他的作品对尼采最不易理解的思想进行了主题分析,这对理解尼采非常有益。

171 Hollingdale, R. J. (1965) *Nietzsche*: *The Man and His Philosophy*, London:Routledge and Kegan Paul.

《尼采:那个人和他的哲学》(*Nietzsche*: *The Man and His Philosophy*)。此书是尼采的传记,它按时间顺序,并按主题分类,清晰地介绍了尼采的作品,非常适合读者休闲阅读。

Irigaray, Luce (1991) *Marine Lover of Friedrich Nietzsche*, trans. G. C. Gill, New York: Columbia University Press.

《海上恋人》(*Marine Lover of Friedrich Nietzsche*)。从女权主义者的角度,严肃地探讨了尼采对隐喻的使用。

Kaufmann, Walter (1974) *Nietzsche: Philosopher, Psychologist, Antichrist*, Princeton, NJ: Princeton University Press.

《尼采:哲学家,心理学家,反基督者》(*Nietzsche: Philosopher, Psychologist, Antichrist*)。这本书恢复了尼采在20世纪50年代的哲学声誉。考夫曼比较全面地讲述了尼采哲学的主题发展及其系统性。介绍了尼采的每一个主要思想及其在尼采思想系统中的地位。书中还提供对个别篇章段落的精彩注释。对于尼采的新老读者而言,这本书是少有的、不可或缺的经典作品之一。

Kofman, Sarah (1993) [1978] *Nietzsche and Metaphor*, London: Athlone.

《尼采与隐喻》(*Nietzsche and Metaphor*)。此书以解构方式解读了尼采的哲学风格,着重关注尼采对隐喻的探讨,以及尼采写作中所使用的隐喻。这绝不是一个入门级的教科书,需要仔细阅读,对于那些对尼采的风格和语言有兴趣的读者来说将非常有益。

Magnus, Bernd and Kathleen M. Higgins (eds) (1996) *The Cambridge Companion to Nietzsche*, Cambridge: Cambridge University Press.

《尼采:剑桥哲学研究指南》(*The Cambridge Companion to Nietzsche*)。这本优秀的论文集收录了大量分析尼采哲学的文章。详细地介绍了尼采的生活及其生活的时代,尼采作品中主题的组织方式,尼采在19世纪哲学界的地位以及他对现代和后现代思想风格的影响。为读者提供了可靠的介绍尼采哲学的文献资料。

Megill, Allan (1985) *Prophets of Extremity: Nietzsche, Heidegger,* 172
Foucault, Derrida, Berkeley: University of California Press.

《极端的预言家:尼采,海德格尔,福柯,德里达》(*Prophets of Extremity*: *Nietzsche*, *Heidegger*, *Foucault*, *Derrida*)。尼采哲学并不好理解,比如尼采既反对"自然"道德也反对宗教道德,他又强调世界和人类都是自我构建的美学实体等,此书提供了尼采哲学原创性的解释。此书借助马丁·海德格尔,米歇尔·福柯和雅克·德里达的思想,阐明了尼采对于现代和后现代思想的影响。这本书内容深奥,不适合入门读者,书中在尼采与现代思想的关系上,有很多值得借鉴的观点。

Nehamas, Alexander (1985) *Nietzsche*: *Life as Literature*, Cambridge, Mass.: Harvard University Press.

《尼采:作为文学的生命》(*Nietzsche*: *Life as Literature*)。这本书对尼采的作品理解深刻、表达清晰且具有原创性,将宽泛主题法与哲学严谨性相结合,并注重文本细节。有信心的读者可以将此书作为阅读尼采的入门读物,因为尼哈马斯将尼采哲学的重要思想分列出来,一一加以分析,并用详细的分析支撑他的观点。对于那些喜欢导读性作品的读者来说,尼哈马斯的书是全面了解尼采的必要步骤。这本书的亮点是,它对尼采的透视主义、美学主义和"文学"特征提供了非常清晰和完美的论述。是一本优秀的书。

Patton, Paul (ed.) (1993) *Nietzsche*, *Feminism and Political Theory*, London: Routledge.

《尼采,女权主义与政治理论》(*Nietzsche*, *Feminism and Political Theory*)。这本论文集以女权主义视角考察尼采哲学。主要对尼采哲学中关于虚无主义、无名怨愤、推理、强力意志及语言等内容进行重新解读。此论文集超过了入门级别,不过所收录的文章都按主题分类,适合对尼采有些了解的读者。

Young, Julian (1992) *Nietzsche's Philosophy of Art*, Cambridge: Cambridge University Press.

《尼采的艺术哲学》(*Nietzsche's Philosophy of Art*)。本书简
短、清晰明了地阐述了尼采艺术哲学的发展及其对尼采形而上
学、伦理学和政治学观点的重要意义。该书适合对尼采有些了
解的读者,本书只介绍尼采的美学观,杨以此为出发点,阐释了 173
尼采不同文本之间的关系。

参考文献

尼采本人著作的文献信息，详见“进阶阅读书目”

Adkins, A. W. H (1960) *Merit and Responsibility: A Study in Greek Values*, Oxford: Clarendon Press.

Blake, William (1989) *William Blake: The Complete Poems*, London: Longman.

Byron, George Gordon (1970) *Poetical Works*, Oxford: Oxford University Press.

Camus, Albert (2000) *The Outsider*, trans. Joseph Laredo, Harmondsworth: Penguin.

Coleridge, Samuel Taylor (1963) *Coleridge's Poems*, London: J. Dent & Sons.

Conrad, Joseph (1989) *Heart of Darkness*, Harmondsworth: Penguin.

Davis, Lennard J. (1997) *Factual Fictions: The Origins of the English Novel*, Philadelphia: University of Pennsylvania Press.

Deleuze, Gilles (1994) *Difference and Repetition*, trans. Paul Patton, New York: Columbia University Press.

Deleuze, Gilles and Felix Guattari (1984) *Anti-Oedipus: Capitalism and Schizophrenia*, trans. Robert Hurley, Mark Seem and Helen R. Lane, London: Athlone.

Derrida, Jacques (1978) *Writing and Difference*, trans. Alan Bass, London: Routledge.

Eliot, George (1994) *Middlemarch*, Harmondsworth: Penguin.

Eliot, T. S (1951) *Selected Essays*, London: Faber.

—— (1977) *The Complete Poems and Plays of T. S. Eliot*, London: Faber.

Foucault, Michel (1991) *The Foucault Reader*, ed. Paul Rabinow, Harmondsworth: Penguin.

—— (1992) *The Order of Things: An Archaeology of the Human Sciences*, London: Routledge.

Greenblatt, Stephen (1992) *Learning to Curse: Essays in Early Modern Culture*, London: Routledge.

Hunter, J. Paul (1990) *Before Novels*, New York: Norton.

Lawrence, D. H. (1985) *Three Novellas*, Harmondsworth: Penguin.

Lycos, Kimon (1987) *Plato on Justice and Power: Reading Book I of Plato's Republic*, New York: State University of New York Press.

Mann, Thomas (1971) *Death in Venice*, trans. H. T. Lowe-Porter, Harmondsworth: Penguin.

Miller, Arthur (1967) *Collected Plays*, London: Secker and Warburg.

Sartre, Jean-Paul (1957) *Being and Nothingness: An Essay on Phenomenological Ontology*, London : Methuen.

Shakespeare, William (1997) *The Norton Shakespeare*, ed. Stephen Greenblatt, London: Norton and Co.

Shelley, Percy Bysshe (1977) *Selected Poems of Percy Bysshe Shelley*, London: J. M. Dent & Sons.

Sophocles (1986) *The Theban Plays*, trans. Don Taylor, London: Methuen.

Stallybrass, Peter and Allon White (1986) *The Poetics and Politics of Transgression*, Ithaca, NY: Cornell University Press.

Stevens, Wallace (1984) *The Collected Poems of Wallace Stevens*, London: Faber.

Watt, Ian (1957) *The Rise of the Novel: Studies in Defoe, Richardson and Fielding*, London: Pimlico.

Winckelmann, Johann (1850) *The History of Ancient Art among the Greeks*, London: J. Chapman.

Woolf, Virginia (1984) *To the Lighthouse*, London: Panther.

Yeats, W. B. (1975) *Selected Poetry*, London: Pan.

索 引

弗里德里希·尼采思想源流简图

丁岩　绘

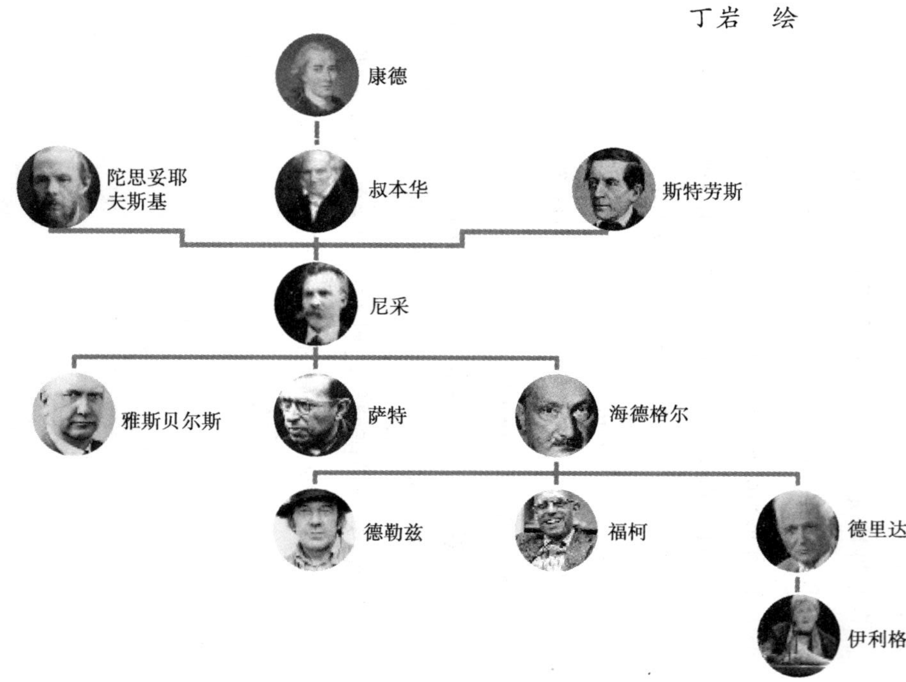

酒神的创造

成金鑫

胡宗翰、孔庆东、鲁迅这三个震撼我心灵的名字都与尼采有着千丝万缕的联系,其中又以胡宗翰为甚,这怎能不引起我阅读尼采的强烈兴趣?尼采的原著虽精奥深刻但凌乱繁杂,所以我选择了丁岩翻译的《导读尼采》来作为我窥视尼采思想的一个门缝。

这的确是一本好书,里面的精彩篇章如“悲剧的诞生”、“永恒轮回”等,我认真读了两遍,许多绝妙的论述都被我分享到我的腾讯微博和新浪微博上去了。

尼采思想最吸引我的,是他对人生哲学的探讨,具体说来就是人生的意义、人生境界以及如何达到人生幸福的方法论问题。这些问题长久地困扰我、折磨我、纠缠我以致让我白日锁眉、夜难美梦,痛苦甚多。尼采的这些思想便如贯彻乾坤的闪电照亮了正在黑暗天幕下苦苦寻觅出路的我的双眼,让我看到了正在冉冉升起的虽微茫却饱含希望的火焰所放射的蓝色光芒。

人活于世,终究是无意义的。我之生,没得商量;我之死,没得商量。生时,自己几声嚎啕;死际,周遭一片沉痛。一切名、利、权,一切功业、思想、德行都随着躯体的陨灭而终归尘土。即便真挚的亲情与缠绵的爱情又如何能够脱离肉体而长存于世?地球尚有寿终之日,又况于百十年之人生乎?宇宙浩瀚,无边无际,无始无终。人处其中,犹如沧海之一粟,这时间的永恒与空间的无限深深地打击着我对存在意义的信心。"天不生仲尼，万古长如夜"，莫说我对这句话存着怀疑，即便真因孔子的未降临人世而使人类始终行走于黑暗之中乃至跌入万丈深渊而毁灭，又如何呢？那遥远的外太空数不清的星球上的"类"正在一如既往、如火如荼地生存繁衍着。更要紧的是，人活于世，痛苦总是多于幸福，毒蛇般的嫉妒、魔鬼般的耻辱与羞愧、无边无形的重压、种种的不如意、种种的失望与绝望，去了又回来，散了又笼罩。这日子怎么过？怎么过?！自杀吧。这是叔本华的号召。尼采却嗤之以鼻。尼采继承了叔本华的人生无意义的前提而在"该如何办"时毅然决然地与叔本华分道扬镳。

尼采认为个体死亡的不可避免正是以"类"而存在的生命的蓬勃生机的有力体现。越是伟大人物的悲剧人生就越能给观众以力量，前提是你必须站在宇宙生命整体的立场上。尼采肯定生命整体，便暗含着肯定了有限生命的磨难与挫折、痛苦与毁灭。正是怀着这样的人生态度，尼采号召我们要笑一切悲剧，要在废墟前欢歌，在烈焰中舞蹈。人生的悲痛固然是深沉的，可是这欢乐比悲痛更深沉。这笑声中含着对人生悲剧性的清醒认识，这舞蹈在火焰的陪衬下焕发出旺盛生命力的夺目光辉。他便是酒神精神，是一种突破常规的自由，是一种因强大生命力而得的豪放与洒脱的"醉"的状态，是一种由出世而入世的人生选择，是一种从心所欲不逾矩的尼采所谓的"婴儿"境界。想起老孔的笔名"醉婴"，恐怕是来源于此吧？

可是这"醉"的境界如何达到？许多人并非没有对人生境界的热切向往，而是苦于找不到通往这高境界的康庄大道。

我是谁？我的天性和禀赋何在？我的兴趣爱好的原动力是什么？我的缺陷不足乃至致命的弱点是什么？哪一条才是只属

于我自己的独一无二的道路?

要达到幸福,首先要能够认识自己、肯定自己,这需要有超乎常人的勇气。要有勇气打破世俗的道德,要有勇气直面自身的弱点,要有勇气拒绝爱你者与高尚者的期望。只有你自己才能认识你自己,只有你自己才能成为你自己。

而当你已成为你自己的时候,嫉妒将会离你远去,患得患失也终于无影,你便获得了极大的解放。这样的人生是创造的人生,而不竭的创造的动力来源于生命的本能,那丰满到溢出的生命力。

创造即是欢乐,创造即是幸福!

图书在版编目(CIP)数据

导读尼采/(英)李·斯平克斯(Spinks,L.)著;丁岩译.—重庆:重庆大学出版社,2014.7(2020.1 重印)
(思想家和思想导读丛书)
书名原文:Friedrich Nietzsche
ISBN 978-7-5624-8235-2

Ⅰ.①导… Ⅱ.①斯… ②丁… Ⅲ.①尼采,F.W.(1844~1900)—哲学思想—思想评论 Ⅳ.①B516.47

中国版本图书馆 CIP 数据核字(2014)第 109645 号

导读尼采
李·斯平克斯 著
丁 岩 译
策划编辑:邹 荣 林佳木 雷少波
责任编辑:邹 荣 版式设计:邹 荣
责任校对:关德强 责任印制:张 策
*
重庆大学出版社出版发行
出版人:饶帮华
社址:重庆市沙坪坝区大学城西路 21 号
邮编:401331
电话:(023)88617190 88617185(中小学)
传真:(023)88617186 88617166
网址:http://www.cqup.com.cn
邮箱:fxk@cqup.com.cn (营销中心)
全国新华书店经销
重庆市正前方彩色印刷有限公司印刷
*
开本:890mm×1168mm 1/32 印张:7.5 字数:168 千 插页:32 开 2 页
2014 年 7 月第 1 版 2020 年 1 月第 3 次印刷
印数:5 001—6 500
ISBN 978-7-5624-8235-2 定价:42.00 元

版贸核渝字(2013)第321号

封面设计:史英男　刘　骥

荒島書店